歴史文化ライブラリー
376

神や仏に出会う時

中世びとの信仰と絆

大喜直彦

吉川弘文館

目 次

神仏と出会うために―プロローグ……1
現代社会のなかに息づく身近な信仰／信仰とはそもそも何か／身近な信仰に結ばれた人びと／いかなる史料を扱うべきか／本書の構成

自然と神仏と中世びと……9

神仏観と動植物……10
自然と動植物／日本の神仏／日本とヨーロッパの自然観／動物が神仏であること／犬の不思議な力／アヤツコ／犬は通力の物にて／変身する動物／虫になった人々／実盛虫／人間と通ずる動物／植物の不思議／松と榊／花の香り／植物の由来／弘法大師空海と草木／蓮如の死に応える草木／人の生命と植物の成長／植物も人間と同じ心を持つ

神仏と災害……30
自然現象／地震と災害伝説／地震と残った安全な場／江戸時代以前の災害観／災害を追い出す／災害伝説の意味／路傍の石と御神体／重軽石／自然との対話

仏の時間と社会……43

異界の時間……44

時間は均質ではない／異界の時間＝異界との接触／神仏の申し子は成長が早い／異界や他界の時間が遅いということは／一日の始まり／日の始まりの時刻はいつ？／日の始まりは寅刻／神仏出現の時間／化け物出現の時間／往生の時間／中世の時間とは

仏体の社会史―神仏も変わる……61

造形美にとらわれない時代／親鸞の登場／仏体の変遷―仏体の数が減る、仏のリストラ―／シンプルな仏、抽象的な仏／絵像と名号／名号が仏像にみえる／文字の不思議／メモをとらない／聖なるモノとしての文字／仏の体を感じる／神仏のぬくもり／特別な身体／力／人間社会に紛れ込む神仏／神仏にあふれる中世社会

祖師に接する……87

祖師の顔……88

肖像画（御影・絵像）は本人に似ているのか／日蓮のイメージ／蓮如寿像／死に顔から絵像を／祖師の顔「鏡御影」／「鏡御影」は寿像かをめぐって／「鏡御影」はいつ鏡御影となったか／「鏡御影」に鏡の話はない／覚如の判断／祖師の顔「安城御影」／存覚はどこに興味を持ったか／関東からのイメージ／親鸞のイメージが拡大する／中世における親鸞のイメージ／

文字の歴代像／祖師の面影／祖師と「顔」を合わせること

祖師の木像と遺骨……114

祖師親鸞の遺骨を持つ寺々／親鸞伝絵／伝絵の親鸞墓所・廟堂の描き方とその表現／遺骨はどこに「おさめた」／唯善事件／中世のおける親鸞木像のゆくえ／戦国時代の親鸞木像／近世の木像のゆくえ／「法流故実条々秘録」／近世史料での木像の動向／遺骨塗り込め／親鸞の寿像をめぐる東と西／木像の過去を探る／遺骨とは何か／遺骨を籠める

腐らない遺体―聖なる身体、奇瑞の源流……137

自分の遺体をみせよ／「死」と「往生」の歴史／奇瑞のために／現れない奇瑞／腐らない遺体―屍蠟―／腐らない遺体―水銀―／腐らない遺体―抹香・灰―／抹香と灰の配合／腐らない遺体―酒―／遺体をみせる／聖なる身体を求めて

人と人との絆……153

僧の献身……154

目に見えない絆／真宗寺院性応寺／性応寺了尊／単婚小家族と寺檀制度／了尊の日記から／遠方まで活動する了尊／旅する理由／旅先の人びとに出会う／了尊に集う人々／集う人びと、再び

人びとの献身……169

門徒慶順／了尊の素早い行動／法意の葬礼次第／葬礼に集まる人々／他宗こだわらない信仰／了尊は各地の法事を執行し、問題も解決する／門徒の剃髪／道場を維持する／信仰の絆の道場／道場が寺院となる／中世の信仰の絆は断ち切られ、制度に基づく新たな絆へ

神仏との出会い方―エピローグ……………………189

環境破壊／自然との共生、神仏との対話／近代の衝撃／現代の神と仏に出会うこと／現在に生きる中世的世界／夢と希望を再び／自然＝神仏と対話する

あとがき

神仏と出会うために――プロローグ

1　神仏と出会うために

現代社会のなかに息づく身近な信仰

私は大阪市梅田（大阪駅）へ仕事で行くことが多いのだが、その際、京阪《けいはん》電車淀屋橋駅から梅田まで歩く。少しローカルな話だが、梅田までの途中に「お初天神《はつてんじん》」（露《つゆ》天神）という神社がある。これは井原西鶴の「曽根崎《そねざき》心中」に出てくる神社である。朝そこを通ると、若い人が祈願する姿を頻繁にみる。もちろん若い人のみとはいわないが。ここでいいたいのは、お年寄りなどが以前から持つ、あるいは習慣としてきた信仰から祈願するのはわかるが、現代の若い人にこのような信仰心があることが意外ということである。

就職難、慢性的不況、未婚率・晩婚率の高い若者など、若い人も神仏に頼らなければならない社会状況があるのかもしれない。祈願する若い人は真剣に祈っており、その信仰心や頼る気持ちの深いことがうかがえる。常時、携帯・パソコンなどの電子機器に取り巻かれ、戦後科学的、合理的教育を受け、信仰には無縁にみえる若い人にも、実はその心の水《みな》底《そこ》には伝統的信仰世界が保たれていたのである。

また京都市内には街のあちらこちらに地蔵が安置してある。誰がいつ安置したかは定かではないが、その地元で大切に守られてきたのは確かである。道路や架橋、ビルなどの建設でも、多少の移動はあるが、撤去されることなく、その位置をほぼ変えずに、小さな祠《ほこら》や小堂として残されてきている。大きな道路やビル群の一角に地蔵を祀《まつ》る小さな堂のある風景は、違和感があることは否めない。

いかに大きな道路や架橋・ビルの建設であっても、小さな堂を追い払うことはできなかったのである。つまり違和感がある風景を作った原因は地蔵の存在ではなく、巨大な構造物の方であったということである。名もない人びとの小さな信仰の力は、大きな構造物に勝ったのであり、それはどの巨大な構造物より大きなものであったのである。

その地蔵に手をあわす人びとの姿もよくみる。この光景は何気ない通常の生活の中に溶け込み、違和感なく自然にみられる信仰の姿である。ここにある願いは色々あろうが、家族が幸せでありますように、健康で元気にいられますように、結婚できますように、子どもが元気で育ちますように、商売繁盛しますようになど、およそ生活目線の願いと思われる。現在でも多くの人びとがこのような信仰の世界を持ち続けているのであり、それは決して難しい教義や理屈では成り立ってはいないのである。

信仰とはそもそも何か

信仰とはそもそも観念的で心の問題でみえないものであるため、その歴史を追うことは難しい。しかし信仰は現在にも我々の身近に確実に存在する。それゆえ社会的意味を持ち研究の対象となるのである。中世びとは、生活すべてが宗教的な雰囲気に包まれており、ある時は仏の力、またある時は神のご加護なのであった。

たとえば、自然現象の落雷については、『看聞日記《かんもんにっき》』応永二十三年（一四一六）正月九日条には「天魔所為《しょい》勿論」と、雷自体を「天魔」と表現したり、また狂言の「神鳴《かみなり》」（北川忠彦ほか『狂言集』日本古典文学全集三五、小学館、一九七二）には、雷の神が天から落ちてくる話があることをみても、雷が何か不思議なもの、人知の及ばないもの＝神と理解されていたことがわかろう。

「付喪神記《つくもがみき》」にみえる「付喪神」は器物が一〇〇年を経過すると、そこに精霊が宿り、人に危害を加えるという俗信だが、これは器などの「モノ」にも不思議な力があると考える事例である（横山重ほか編『室町時代物語大成』第九、角川書店、一九八一）。植物の場合でも『平治物語』上「唐僧来朝の事」（永積安明ほか校注、日本古典文学大系三一、岩波書店、一九六二）では、延命草という草を植えると、「善を招て悪をさり、寿命ひさしく延《のぶ》」と理解されている。これは植物にも神仏のごとくの不思議な力が宿っているという、当時の人びとの観念をよく物語る例であろう。また近世の寺島良安著『和漢三才図会《わかんさんさいずえ》』所載「延命草」項（島田勇雄ほか訳注、東洋文庫、平凡社、一九九〇）では、この草と弘法大師との関係が指摘され、植物と宗教が関係付けられている。

子どもの着物の背に背守りがあったり（『春日権現験記絵《かすがごんげんけんきえ》』巻一六第四段・巻一七第三段）、枕元に守刀《まもりがたな》を置くことも、中世びとが日常生活上、ごく自然に宗教とかかわっていることを示す事例である。数珠《じゅず》も中世には、僧侶に限らず庶民クラス（子ども・老人も含む）に普及している。これは日常生活のなかに仏教がとけ込んでいたことを示している。

このような事例は枚挙にいとまがない。これは中世びとの周辺がいつでも宗教的なものに包まれていた、さらに進んでいえば、生活そのものが信仰であったことを示している。そしてこれらから考えて中世びとが生活に密着した信仰を、これが何宗何派の仏教、どこどこの神などと、厳密に区別してきたとはとても思えない。大隅和雄氏の言葉を借りれば、「信心、信仰の推移を、短い時間の物差しではかろうとしても、変化は見えてこない」「信心・信仰というものは、（中略）政治的な争いなどの非日常的なところというより、日常的な営みに密着したところにある」（『〈日本の中世2〉信心の世界、遁世者の心』中央公論新社、二〇〇二）というように、この日常性に信仰は存在するのである。

身近な信仰に結ばれた人びと

このように目にみえない信仰ではあるが、中世びとにとっては、実は前記の事象や儀式や仏像や絵像《えぞう》などの聖なるモノ・僧侶・堂・人と人との絆など、日常に自分たちの廻りにかなり具体的な形で存在していたのである。この信仰は決して何宗何派とか、これは神でこれは仏とか、区分されるものではなく、社会の基層にあるものと考えている。私はこのような信仰を「身近な信仰」と呼び、それに出会う旅を本書で試みるつもりである。

そして私が研究をはじめた頃、講義や論文でよく聞き、読み、学んだ、日本中世社会の封建制論、領主と農民の支配関係、荘園制と社会経済史、社会発展論ではみえてこない、中世社会を明らかにしてみたいと思うのである。

本書は日常の、そして普通の生活の事象を対象とする社会史の研究と考えているが、信仰の形と信仰の絆という視角で研究をすすめたい。阿部謹也氏が『社会史とは何か』（筑摩書房、一九八九）で次に指摘するような視点や対象を本書でも設定した。

目に見えない絆というとき現代の私たちはすぐに愛や感情、慣習や仕来り（掟）などを考えるが、中世の人間にとっては自然との関係がすでに目に見えない絆のなかで大きな位置を占めていた。自然現象や天体の運行、動植物のあり方や人間自身の生理についてすら科学的な知識を欠いていた中世の人びとは自然界を支配する諸力と折り合ってゆくためさまざまな技術を身につけていた。

いかなる史料を扱うべきか

このような問題にアプローチするためには、多面的に史料を取り上げる必要があると考えられる。そこで本書では、従来の研究によく用いられる古文書・日記などに加えて、宗教関係史料や物語などの文学作品、絵巻・絵画を積極的に取り上げた。

むろん宗教関係史料や文学作品などには、ある程度の誇張表現や粉飾がみられ、また上記史料にみられる人物や事件がすべて歴史的事実を語っているとは思われない。その上、偽文書も多くみられる。しかしそこには当時の人びとの意識・認識・慣習などが反映・投影されていることは間違いなく、この分野の研究には非常に有益と考える。

したがって問題はこれらの点に注意を払いつつ、上記史料を検討し、いかに利用していくかであろう。上記史料などには、歴史的事実ではない内容や、また荒唐無稽な内容も多くあること、さらに文献と異なる絵画史料であることなどを、歴史史料として用いるという、ある程度のリスクも当然予想されるが、新たな視角による問題に対しては、新たな史料の開拓・利用も必要なのである。

本書には親鸞《しんらん》を開祖とする真宗の史料を多用している。真宗で著名なのは一向一揆《いっこういっき》である。しかし真宗に関する史料は、一向一揆や真宗独特の世界だけではない。中世の民衆生活や信仰を表す内容が豊富にちりばめられている。むしろ著名な一揆はこの一部にすぎないのである。真宗は一宗派の宗教だが、確かに民衆世界と密接につながりながら勢力を伸ばしてきた集団である。それゆえその史料は広く中世社会の基層の世界をとらえている。

具体的には古文書・日記の歴史学の基本的史料はもちろん、絵巻・絵像・物語・由緒・縁起など、おどろくほど幅広く多種多様にわたっているのである。したがって本書の性格からも、中世社会の基層で広がる民衆の生活や信仰に迫るには、この「民衆仏教」といわれる真宗の史料が有益で適合的であり、それゆえ多様な利用となったのである。

本書の構成

本書は中世びとを普通に取り巻いていた、当時の「身近な信仰を見つけて」をテーマに、大きく三つの視点から、さまざまなことを考えてみたい。

まずは「自然」論として、中世びとをとりまく自然＝神仏との関係から、災害・環境・時間・動物と人との関わりを考える。自然は神仏であり、それは中世びととの生活の中に当たり前に存在し、溶け込み、彼らの生活を規定していた。

次は「信仰の形」論として、信仰という抽象的なモノを具体的な形として探る。仏体の社会史は仏体（仏の形）から信仰をみる。仏体が木像・絵像・名号《みょうごう》・文字と言葉などにより形作られ、その変化から信仰を考える。祖師の顔や祖師の木像と遺骨は、民衆仏教の祖師の顔や姿の側面から、および祖師の木像と遺骨の伝説の意味から、祖師への信仰に迫る。死と往生の歴史は、人の死を通じた信仰の形を考える。往生の証《あかし》の奇瑞《きずい》、腐らない遺体（遺体の保存技術）、神仏の世界に入る人びとに起こる不思議、この実態は何か。

第三点は「絆」論である。「絆」論では信仰に結ばれた絆を考える。特に寺檀《じだん》制度成立以前の、僧侶（寺院）と門徒との絆＝中世的信仰の形をみる。信仰の絆とは何か、抽象的ではない、生活の活動にみる実態を明らかにする。近世初期、一年間に数回、一ヵ月以上の間、京都から大坂・大和国の地域を数百キロ巡回し、門徒たちと出会いに行く僧侶の姿と門徒のふれあう姿があった。そこには利益のためではない、お互いの存在を尊重し、確かめあうことが求められた信仰の人間関係＝絆が存在していた。

自然と神仏と中世びと

神仏観と動植物

自然と動植物

われわれの間では人を殺すことは怖ろしいことであるが、牛や牝鶏または犬を殺すことは怖ろしいことではない。日本人は動物を殺すのをみると、仰天するが、人殺しは普通のことである。

これは戦国時代に日本に来たキリスト教宣教師ルイス・フロイスが『ヨーロッパ文化と日本文化』（岡田章雄訳注、岩波文庫、岩波書店、一九九一）のなかで述べた一文である。ここにあるようにフロイスは日本人とヨーロッパ人との間に、動物を殺すことに関して大きな差異があることを興味深く指摘している。注目すべきは、ヨーロッパ人が牛などを殺すことは平気だが、日本人は動物を殺すことをみると仰天するとしている点である。大きな違いである。フロイスがみた日本人はどうして動物を殺すことに畏怖していたのか。

日本の神仏

これには日本人の自然観――日本人の神仏観にも関わること――とヨーロッパのそれとに相違があるということである。日本の神は神道という形で語られることが多いが、この神道とは日本固有の民族宗教で仏教・儒教以前からの土着の神観念に基づくものである。本質は農耕儀礼を核として、多くの神々をまつる現世主義的な宗教である。

したがって本来、教義・教典はない。ここにいう日本の神とは本居宣長《もとおりのりなが》の言葉を借りていえば、「其余《ソノホカ》何にまれ、尋常《ヨノツネ》ならず、すぐれたる徳《コト》のありて可畏《カシコ》き物を迦微《カミ》とは云なり」(『古事記伝』巻三)、つまり神とは人知を超えた畏《おそ》るべき存在であり、それは山・川・海・樹木・巨石・雨・風、鳥・オオカミ・蛇の動物などをも含む自然そのものであった。

さらに仏教が導入されると、それと習合することになった。仏教と神道が融合することになった源泉は仏教受容の仕方にある。仏教公伝時、倭国の豪族たちは、仏教を「蕃神《となりのくにのかみ》」と理解し受け入れ、それはやがて倭国の神々と習合する現象を生んだのである。以降、日本での習合とは、「融合とも混合とも異なる。神も仏もそれぞれの立場を尊重しながら、相互が日常的に提携しあうのである。それはきわめて賢明な文化受容方法であった」と、林屋辰三郎氏は指摘している。

特に平安時代、日本の神は仏・菩薩が本地《ほんち》(本来の姿)であるが、衆生《しゅじょう》救済のため、仏が神と化して垂迹《すいじゃく》（仮の姿で出現）してきたと考える「本地垂迹説」により、仏と神の融合は理論化された。

日本とヨーロッパの自然観

日本とヨーロッパの自然観は概していえば次のようである。西洋では、人間が自然を領有し、自然を人間の条理に従わせる。つまり人間が自然を征服・搾取・利用するという考え方である。これにはキリスト教が影響している。キリスト教では人間は万物の霊長、神の姿に似せてつくられ、人間のみが霊魂をもって、ほかの生物から卓絶した地位を保ち、動物は人間に奉仕すべきものとしている。

それに対して日本の場合は、自然の征服ではなく、自然との共生を信条としてきた。神秘的な自然を先祖は畏《おそ》れ愛《め》でてきた。これは古く日本人が自然や自然現象を神と考えていたためである。自然には動物・虫も当然含まれ、これらの各伝承は人間と近い親しい関係で語られることが多いのも、日本人の自然観の関係からである。日本の場合、動物が神仏の使いと理解されていることも多い。

動物が神仏であること

鎌倉時代後期成立の『春日権現験記絵《かすがごんげんけんきえ》』（第六巻第三段）には、蛇にいたずらをした子どもが病気となり、それを祈禱師《きとうし》が治す場面がある。子どもに罰が当たることは、蛇が神仏と理解されていたことを示す。現在でも「巳さん」といって、ヘビを神の使いとすることがある。私の母親（昭和初期生まれ）も白ヘビを神様の使いとよくいっていた。さらにお金が貯まるといって、脱皮した皮を財布に入れていた。

神の使いの動物は、たとえば、京都市の稲荷神社の狐、埼玉県秩父市の三峯《みつみね》神社のオオカミ、奈良市春日山のシカなど、現在でも多くみられる。ちなみにオオカミはヨーロッパでは悪魔の使いで、日本とは大きく立場が相違している。魔女がオオカミの背中に乗る絵などを想い出せばわかるであろう。

フロイスがみた日本人が動物を殺すことを怖れたのは、動物が神仏と関わると考えていたためであった。自然観が異なるフロイスにはそれが理解できなかったのである。このように動物が神仏であるなら、中世びとが動物とどのように関わっていたかをさらに具体的に通覧してみよう。

犬の不思議な力

動物と人との関わりは多様にあるが、犬は縄文時代から人と関わり、パートナーでもあり、その関わりは深くおもしろい。『春日権現験記絵』（第八巻第二段）には、高熱と嘔吐《おうと》に苦しむ病者の家の屋根に、人にみえない疫病神《やくびょうがみ》の赤鬼が登り、屋内をのぞきこみ、近くの道ではその鬼の存在を察知し、黒犬が吠える場面がある。ここから犬には目にみえないモノの存在を感知するという、人間にない能力があると信じられていたことがわかる。このように犬が目にみえない幽霊や怪物・魔物に吠える様子は、現在でもホラー映画およびそのようなドラマでもみられる場面である。

『看聞日記《かんもんにっき》』応永二十四年（一四一七）五月八日条には、このような犬の不思議な力を示す記事がある。

一条辺、酒屋下女一人来、取レ酒、則飲帰之処、犬来吠レ之、下女仰天逃去（中略）然間、帽子ヲ落了、頭ニ毛生有レ耳、其時はけ物露顕、万人群集捕レ之、縛了、忽古狸ニ成了

酒屋にきた下女が酒を飲み、帰る時に犬が吠えかかり、女が仰天して逃げると、帽子が落ち、頭に毛や耳がある化物の古狸であったことが発覚する。これも前記と同じく犬が化け物を探知する能力を持つと理解されていた話である。

アヤツコ　「アヤツコ」という赤ん坊・子どもの額に「犬」の文字を書く儀式がある。平安時代の日記にも皇子・皇女が行う記事として確認できる。『春日権現験記絵』（第九巻第一段）には、屋敷の縁側で女性が抱える小さな子どもの額には「犬」という文字がみえる。彼女は姿から庶民の女性である。つまりこの行為が公家から庶民にまでひろくなされた慣習であることがわかる。

現在も各地で同じような行為がお宮参りの際、あるいは生まれて七日目になされたりす

る。たとえば、京都では男の子には「大」、女の子には「小」と書すことがある。男と女で大小と区別されているが、おそらくこれは本来は「犬」と書くところを時の流れとともに、変化したのであろう。また額に墨で点を打つ「ホシコ」とも呼ばれるようなものもあるが、どうして「犬」の文字を書くのか。このような行為を犬はお産が軽いので、そのことにあやかり、犬の印の物を置くとか付けるとかと聞くが、この場合はもう生まれた子どもになす行為ゆえ、この考えは成り立たない。

犬は通力の物にて

『宇治拾遺物語《うじしゅういものがたり》』巻第一四第一〇「御堂関白《みどうかんぱく》の御犬、晴明《せいめい》等奇特の事」（小林智昭校注・訳、日本古典文学全集二八、小学館、一九七三）では「犬は通力のものにて」として、犬の持つ神通力《じんつうりき》のような不思議な力を指摘している。『徒然草《つれづれぐさ》』第一二一段（神田秀夫ほか校注・訳、日本古典文学全集二七、小学館、一九七二）には「犬は、守り防ぐつとめ、人にもまさ（勝）りたれば、必ずあるべし」と、犬が人間を守る能力があるとしている。

このことは平安時代初期の「百怪《ひやっかい》（怪）呪符木簡《じゅふもっかん》」にも複数の「戌」文字が配されており、百怪の鎮静除去の願いのためとの指摘からも、犬の持つ不思議な能力が認知され、それがために犬が辟邪《へきじゃ》の役割を期待されていたとみて間違いない。アヤツコはみるかぎり、子どもになす行為で、それも外出時である。

つまり子どもは小さく、魔を祓う力も弱い。したがってその身を守るために、額に「犬」の文字を書いて、お守りにしたのであろう。南北朝時代の撰集、連歌集『菟玖波《つくば》集《しゅう》』にみえる「犬こそ人のまもりなりけれ」「ひたひ（額）にかけるもじ（文字）をみよ」は、まさにそのことを的確に示している。したがってこれは「犬」でなければならないのである（斉藤研一『子どもの中世史』吉川弘文館、二〇〇三）。

変身する動物

『看聞日記』応永二十五年二月十六日条には、「奇女一人両三日、晩景出現、或見レ之、或不レ見云々、若《もしや》狐・狸所為歟、不審」と、奇女がここ二、三日晩景に出現する記事がある。それはみえたりみえなかったりして、狸・狐の仕業ではないかと理解している。狸・狐が変身すると考えられていた事例である。後年、人間が狐や狸にだまされる昔話の原型がここにあるように感じる。昔話の動物は人間を化かし、滑稽で愛嬌がある話が多い。

『参考源平盛衰記《げんぺいせいすいき》』巻第一〇「頼豪為《らいごう》レ鼠事」（近藤瓶城編『改定史籍集覧』編外三、臨川書店、一九八四）に次の話がある。白河天皇が当時延暦寺にしか認められていなかった戒壇《かいだん》設立を条件に、皇子誕生の祈禱を三井寺の頼豪に依頼した。皇子は誕生したものの、天皇はその約束を守らなかった。そのため憤死した頼豪は怨霊となり、延暦寺を滅ぼすため、「大鼠ト成」って、仏像や経論を食い破ったという。これは政変で非業の死を遂げた者たちが怨霊化して、天変地異や疫病流行をもたらすとする御霊《ごりょう》信仰が多分に影響している。

また室町時代に成立した『賢覚草紙《けんがくそうし》』（道明寺縁起の異本という。根津美術館所蔵）では、僧賢覚が遠江《とおとうみ》国橋本の長者の娘と恋に落ち契りを交わした後、娘との過去の因果があることを知り、娘のもとを去るが、娘は彼を追いかけ日高《ひだか》川を泳ぎ渡るうち、ついに大蛇と化したとしている。これも怨念により動物化した話で、人が動物に変身する事例であろう。

また怨霊ではなく、同様に死後動物に変化する場合もある。たとえば、『古事談』第三には、「仁海僧正」の夢に「牛ニ成タル」亡父「上野上座」が出現した事例がある。この話は仏教の畜生界への輪廻《りんね》思想を背景として成立している。このように仏教思想に基づく死者の変化もある。中村禎里氏は『日本霊異記《にほんりょういき》』以後の説話集に、死後へビのほか、ウシ・ウマ・イヌなどの家畜に転生する話が少なからずみられる点を指摘している。

死者・生者などが動物に変化した事例は確かに存在する。少なくとも日本人は動物が人間に化ける、あるいは人間が動物に化けると古くから考えていたことは確かである。動物が人間に変身するのは両者が近い関係にあると、日本人が考えていたからにほかならない。ヨーロッパでは人間が悪魔の力で狼男・猫女という動物に変身すると考えていることに比せば、動物変身譚でも大きな相違がある。

虫になった人びと

　虫にも不思議な力がある。それは死後、死者が虫に変化する場合で、これも御霊信仰と関係し、現在にまで伝えられている。神野善治氏「虫霊と御霊」（『季刊自然と文化』二五、一九八九）では多くの事例を紹介している。少しあげておけば（以下〔　〕内は地域、死者名）、長田蟹《おさだがに》〔尾張国、源頼朝に殺害された長田忠《ただ》致《むね》〕・宇治川の蛍〔源氏蛍〕〔山城国、源頼政以下〕・八幡蛍〔遠江国、武田・徳川両軍の兵〕・善徳虫〔若狭国、僧侶善徳〕などである。氏の事例は民俗学的分野に入るもので、すべて中世にまで遡ることが可能か否か何ともいえないが、前記の頼豪の例のように中世に遡ることができるものもあろう。

　このほかにも、本願寺第八代蓮如《れんにょ》が文明五年（一四七三）八月二十二日「御文《おふみ》」（堅田修編『真宗史料集成』第二巻、同朋舎、一九七七）で、「蝶トナリテウセヌトミユルハ、ソノタマシヰ《イ》、蝶トナリテ（中略）極楽世界涅槃《ねはん》ノミヤコヘマヒ《イ》リヌル」と、没した自分の娘見玉の魂が蝶となり、極楽世界に往った話を記している。

　また『吾妻鏡』宝治二年（一二四八）九月七日条には、黄色い蝶が鎌倉の由比ヶ浜《ゆいがはま》から鶴岡八幡宮や法花堂の方向に群れ飛んできたとあり、同月十九日条には、黄蝶の群れが三浦三崎の方より名越《なごえ》のあたりに出てくると記されている。当時、鎌倉の人びとはこの蝶を、宝治元年六月の宝治合戦《ほうじかっせん》（北条得宗《とくそう》家と幕府内最大勢力の三浦一族との戦い）で命を落とした三浦氏一党の転生した姿と考えたようである。三浦三崎は三浦氏の遺地であり、法花堂は三浦一族が最後に立て籠もり、自刃し散った場所であったからである。

このように死者の魂が蝶＝昆虫化の考え方は古くから確認できる。現在でも蝶が舞うと亡き人の魂が帰ってきたという人がいる。これは古い時代からの名残りであろう。また古戦場、あるいは戦死者の遺骨が残されているような土地にホタルが飛ぶ時には、戦死した人びとの魂であるという感覚は、近年の戦争での特攻隊兵士への想いにもみられた。

実盛虫

斎藤実盛《さいとうさねもり》は『平家物語』巻七「篠原合戦」「実盛」（市古貞次校注・訳、日本古典文学全集二九・三〇、小学館、一九七三・一九七五）によると、寿永二年（一一八三）加賀国篠原の合戦で木曽義仲《きそよしなか》軍により敗死する。彼の話は鎌倉中期成立の同物語から、およそ二〇〇年後の次の記事にも表れる。『満済准后日記《まんさいじゅごうにっき》』応永二十一年五月十一日条に「斎藤別当真《サネ》盛霊於二加州篠原一出現、逢二遊行上人一受二十念一云々」との記事がある。これは実盛の亡霊が敗死場所の「篠原」に出現し、それを遊行上人が鎮魂した記事である。

ここにみられる実盛は敗死地「篠原」をさまよう合戦の亡霊である。これは彼のイメージが二〇〇年を経ても、合戦時の人間として認識されていたことを物語る。このイメージが、謡曲「実盛」（小山弘志ほか校注・訳、日本古典文学全集三三・三四、小学館、一九七三・

一九七五）を成立させる。実盛が稲の株につまずき倒れ敵に討たれた怨みにより、彼がイナゴなどの害虫（実盛虫）となり、稲を食い荒らすと信じられ、実盛の怨霊供養をして害虫退散の虫送り（実盛送り）の行事が、長く農村で行われてきた。

農作物への虫害も、虫害飢饉による餓死者の生まれ変わりとして、供養する農民は十八世紀末の本にも記されるという。またセミのツクツクボウシは旅で亡くなった筑紫《つくし》の人の転生で、「つくしこいし」と鳴いていると、江戸時代中期の俳人横井也有《よこいやゆう》は紹介している。

江戸時代に至っても、虫と人とを連続するものとみる見方は継続されている。上記のように虫が元人間であったと考える意識があり、虫が変態する生態と、仏教の輪廻転生が融合して、この連続性を成立させたのであろう（塚本学『江戸時代人と動物』日本エディタースクール、一九九五）。このようなことは人間が自然に接する時、決して粗略に扱うことがないということでもある。

人間と通ずる動物

無住の『沙石集《しゃせきしゅう》』巻第九―一五「畜類も心ある事」（小島孝之校注・訳、新編日本古典文学全集五二、小学館、二〇〇一）に、ある坂《ばん》東《どう》武士が京都に騒動があり馳せ上る話がある。武士は何匹も連れて行く馬のなかで、特に信頼する馬に話しかけ、いざという時、不覚を取らぬようにと申し含め、武士はそのため、特別に餌を与えると馬に約束した。武士は家来にその餌代を預けた。しかし京着した家来は狂乱状態になった。それは餌代を自分の飲み食いに使ったため、馬が家来に取り憑き、その罪を告発したためであった。これは動物であっても約束は覚えており、人間はそれを守らないといけないことを示している。つまり動物は人間の心がわかると、当時考えられていたことを物語るものである（大隅和雄『〈日本の中世2〉信心の世界、遁世者の心』）。また『融通念仏縁起《ゆうずうねんぶつえんぎ》』（下巻第一段）には鵄《とび》と鼠が、融通念仏の開祖良忍へ念仏加入を申し入れる場面がある。これは動物も人間と同様に念仏に帰依ができると考えられていたことを物語る。つまり人間と動物が近い関係にあることを示すものに他ならない。

このように動物は神仏の使いであり、人間に化けたり、人間が動物になったり、人間と動物の関係は非常に近い関係にあったのである。また動物や虫も元は人間であったと考えられていたのである。そこには仏教思想の輪廻転生や御霊信仰が大きく影響していたものと思われる。

植物の不思議

動物についで植物も中世びととは近く、不思議な関係が結ばれている。次にそれに言及しておく。ここでは高取正男氏「花の習俗」「樹と花の習俗」「花の民俗」（『高取正男著作集』V、法藏館、一九八二）を中心に説明する。日本語で「はな」は草木の「花」だけではない。広くものの先端を意味し、「端」も「鼻」も「はな」という。「ほ（穂）」とか「うら（末・梢・占）」も類似のことばで、稲の先に現われる穂、樹木の枝先の梢《こずえ》、ものごとの前兆もすべて「ものの先端」としての「はな」という。

時宗では八月二十三日の時宗の開祖一遍（鎌倉時代前期）の忌日に、笹竹に薄《すすき》一束を結び名号軸を掛け、周囲で踊念仏《おどりねんぶつ》を行う。また瀬戸内には葬式を済ませた日の晩、死者の寝ていた部屋に薄をたて念仏する島もあるという。これらの薄は、霊魂の依代《よりしろ》を意味している。実は「はな」もこの薄の穂と同じように、そこに神霊や霊魂が出現する「ものの先端」であった。そのような「はな」は、草木の花よりも常緑樹の枝であることが本来の形と考えられている。

現在はいけ花というと、多彩な生花をいけるように思われるが、正月の床飾《とこかざり》や仏壇の供花は常緑樹の枝を中心にあしらわれる。このような形の立花をもって、格式ある「はな」とみる感覚は今も濃く伝承されている。たとえば、和歌山県の高野山《こうやさん》への参詣の帰りには槙の枝をいただくとかである。同じように熊野では梛《なぎ》、三輪や稲荷は杉、愛宕《あたご》は樒《しきみ》と指摘できる。これらの枝は、それぞれの地から神霊を奉安して帰るしるしであった。そしてそのような「はな」をいけて神霊をまつるのが、いけ花本来の趣旨である。

松と榊

また松は日本人におなじみの木で、よく書院の襖絵《ふすまえ》や障壁画などにも描かれるが、これはその枝に神の示現を「待つ」木といい、神木の最たるものであった。有名な豊臣秀吉の雅号も「松」で、これも神木の力を得ようとしたのであろう。

「さかき」は「栄木」で常緑樹の姿をたたえた名前である。今は「榊」と書くが、古くは「シキミ」も「さかき」と呼ばれていた。これは葉に香気があるため、香柴《こうしば》・香《こう》の花・花柴《はなしば》・花枝《はなえだ》・花榊《はなさかき》などと書き、神事・仏事にも使われた。峠の名前に花立峠・花折峠《はなおれとうげ》・柴立峠などというものを聞くことがあるが、これはここを越すものが「さかき」である樒や榊の枝を「はな」として路傍に立て、道中の平安を祈ったので、この名がついたという。

正月に立てる門松も松のみではなく、常緑樹（椿・榊・樒など、常磐木《ときわぎ》をいう）を用いる。門松は院政期には京で立てる慣習があった。戦国時代には、上杉本『洛中洛外図屛風《らくちゅうらくがいずびょうぶ》』には門松を売る様子もみられる。このような門松もその神木性と、常磐木が永遠性を意味するところから、繁栄を期待するものであろう。これは楠も同じで繁栄を象徴的に示すものである（盛本昌広『草と木が語る日本の中世』岩波書店、二〇一二）。

花の香り

子どもの日の菖蒲湯《しょうぶゆ》は、菖蒲を湯に入れ無病息災などを祈願する行事である。この邪気払いは、「菖蒲の清々しい香」「その強烈な香りによって邪気を払う」（網野善彦「中世身分制の一考察」『中世の非人と遊女』明石書店、一九九四）と指摘されているように、香りが重要な意味があったのであり、植物の呪力を示す一例である。

また九月九日の重陽《ちようよう》の節句で花の香りによる不思議な力を示す行事がある。それは「菊の着せ綿」である。これは平安時代にはみられるもので、前日に菊の上に真綿をかぶせておくと、翌朝、芳香豊かな菊の香がうつり、綿には露が含まれる。その露を含んだ綿で体を拭うと、千年も寿命が延びると信じられていたものである。

山科言継《ときつぐ》の日記『言継卿記』にはこの行事が散見される。言継は九月八日に「菊綿」（紫・黄・白の三色）を朝廷に進上し、翌日重陽の節句で菊の和歌を詠じている。これは上記の行事を指すが、その和歌には、たとえば、歌題に「余芳《よほう》」（よい香り）とか、和歌に「四方《よも》ににほ（匂）へる秋のしらきく（白菊）」と、菊の香りが詠まれ、さらにそれを「幾千世」（非常に長い年月、長寿の意であろう）と結びつけている（同記天文十八年九月九日条）。つまりこの行事は菊の香りの霊力で、邪気を払い長寿を祈るものといえよう。

植物の由来

上記したように、草花には古くから霊力が宿るものと考えられていた。その関係もあり、植物は人の命と関わる場面でよく現れる。先にみたように「延命草」（シソ科）という草を植えると、「善を招て悪をさり、寿命ひさしく延」（『平治物語』上「唐僧来朝の事」）と理解されていた。植物自体を植えると長生きできるとは、植物にも神仏のごとくの不思議な力が宿っている観念をよく物語る例である。

さらに正徳三年（一七一三）に刊行された百科事典、『和漢三才図会』所載「延命草」項には一層細かく説明がなされ、大和《やまと》国・河内《かわち》国、西国に生えると、その分布地や花の形、腹痛に有効などの効能の解説までしてある。さらに注目すべきは、腹痛で瀕死の旅人に、弘法大師空海がこの草を食べさせたところたちまち癒え、後世これを延命草というようになったと、空海との深い関わりを記述する点である。この草と空海との関係が指摘されている。植物と宗教が関係付けられており、植物の呪力に対する信仰がうかがえる。

また伝承だが、高野山旧花園《はなぞの》村（和歌山県かつらぎ町花園）遍照寺《へんじょうじ》にのみに生える「まかずな」という植物がある。これは里が飢饉に陥った時、空海がこれを食せよと伝えた植物で、蒔かなくても生えてくることから「まかずな」という名が付いたという。伝承とはいえ、植物と生きるための非常食が弘法伝説と絡められている。日本社会における植物の由来や、その命名を考える上で宗教者との関係を示すこの事例は興味深いものがあろう。

弘法大師空海と草木

草木と空海というように、草木と信仰はつながっていたが、他に空海と草木のつながりは、全国的にみられる①「杖立《つえたて》伝説」②「三度栗《さんどぐり》伝説」などでも指摘できる。①は弘法大師が杖を大地に突き立てると、それが大木になった、あるいはきれいな水が湧き出た、②は大師が植えた栗が年三回実る、という伝説である。なおこの伝説は弘法大師を親鸞《しんらん》に置き換えて、「（親鸞）聖人ノ三度ミノレト曰《いい》テ、植タマヘルトテ、一年二、三度実ヲムスブユヘ、三度栗ト云ナリ」というように、近世の親鸞伝説として利用されている（拙稿「東国における『親鸞』のイメージ」『佛教史研究』三五、一九九八）。

　このような伝説は大地に根付く植物の生命力の強さとその不思議な力とを、空海の力とに一体させる日本人の伝統的草木観、つまり日本人の自然に対する畏敬の念をよく示すものなのである。

蓮如の死に応える草木

「蓮如上人御一期記」（『真宗史料集成』第二巻）には、

> ソノ日ヨリ種々ノ不思議ノ奇瑞マシマシケリ、（明応八年三月）二十五日ノ暁ヨリ大地鳴働セルコトシキリナリ（中略）二十五日ノ午剋ニ成シカハ（中略）御堂ノ前後左右ノ草木ノ若葉ノ立タルモ、悉《ことごと》クシホレ○ニケリ、皆枝ヲタル（ママ）シオレ伏タリ、色モ変ス、言語道断奇代不思議ノ事○トモアナリ（中略）紫雲ハ五色ニ○タチワタル、空花ハ空ヨリモ雪ノフルカコトシ

とみえ、本願寺蓮如が没すると、御堂の左右前後の若草がしおれたとしている。これは蓮如の死を若草が悲しんだことを意味するが、これにより植物にも意思があると理解されていたことがわかる。往生の証として空から花が降ることも、植物が天と関わる特別なものであったことがわかる。この花は異界＝極楽から来たものである。極楽には花が咲き誇っていると考えられていたからであろう。また地響きなども、自然現象が高僧の死に応えた

ものとして伝えられている。

鎌倉武士でありながら、源平の合戦で平敦盛《たいらのあつもり》を討ったことで世の無常を感じた熊谷直《くまがいなお》実《ざね》（蓮生《れんしょう》）は、法然に帰依《きえ》し出家し、以後仏道の生活を送った。彼は往生する時、その日を予告した。往生の際には、空には紫雲がたなびき、妙なる音楽が聞こえ、大地が震え、異香が漂ったと伝える（『法然上人絵伝』巻二七）。この奇瑞出現が、彼の往生を示唆し、彼も特別な僧侶であったという位置付けがなされている。

当時、高僧自身「人ナラヌモノ」＝仮に人間の姿をした仏と理解されており、この草木の動向や大地の震動は、高僧の不思議な力に植物を含め自然現象が応えた結果である。

人の生命と植物の成長

次の文明五年十二月二十三日の蓮如の「御文」も、植物と人間の関係を考える上で、大変興味深い。

人間ノ体タラク《(為)》ヲ、シツカ《(静)》ニ案スルニ（中略）身体ハ芭蕉葉ニオナシ《(同)》、タ、イマモ无常《むじょう》ノカセ《(風)》ニアヒ《(遇)》ナハ、スナハチヤフ《(破)》レナンコトハ、タレ《(誰)》ノヒト《(人)》カノカ《(逃)》ルヘキ（中略）多屋人数ノナカニ、松長ノ道林寺郷ノ公慶順ハ、トシ《(歳)》ヲイヘハ二十二歳ナリシカ、老少不定ノイハレニヤ、ノカレ《(逃)》カタキ《(難)》ニヨリテ、ツヰ《(イ)》ニ死去ス（中略）今月四日ニマタ福田ノ乗念モ往生ス（中略）抑《そもそも》乗念ハ満六十ナリ、松長ノ慶順ハ二十二歳ナリ（中略）ワカキ《(若)》ハ、オヒ《(老)》タルニサキタツ《(先立)》イハレナレハ、アラ道林寺ヤナ、カレ《（彼）》モコレ《（是）》モ、オクレ《（後）》サキ《（先）》タツ《（立）》人間界ノナラヒ《（習）》ハ、タレ《（誰）》モノカレ《（逃）》カタキ《（難）》ナリ

ここで蓮如は身体を芭蕉《ばしょう》の葉になぞらえ、すぐ破れてしまう（＝死ぬ）弱いもので、またそれは逃れられないものとしている。生命・寿命を芭蕉樹にたとえている。樹木の成長と人間の生命を同一視している。蓮如は人間と植物を同じ、ないし近い関係でとらえる。

このように人間の成長と樹木でとらえることは、『熊《くま》野《の》十界曼荼羅《じっかいまんだら》』（熊野観心十界図）を典型として「人生を樹木や季節で象徴させることは中世によく行われていた」と指摘されている。その曼荼羅では、子どもの時期は柔軟性のある柳、青年期では開花飛躍する桜、頂点にさしかかる成人期には結婚した男女が描かれ、その脇には生い茂る樹木、頂点には二本の杉、その両脇に赤い幹の松がある。二本の杉と松は夫婦を表すものという。老年期には紅葉したカエデが描かれている。最後には杖をついた老人、その脇には雪をかぶった樹木が描かれ、人生の終わりである冬が象徴されているという（『草と木が語る日本の中世』）。

植物も人間と同じ心を持つ

『沙石集』巻第九―一一「執心の、仏法故に解けたる事」には次のような話がある。遠江国の井という地域に蓮養という山寺の法師が住居して、植木を愛して庭に植え込んでいた。その後、彼が亡くなり、その柿の木を切ろうということになった。切った木を割ると、方二寸の大きさで「蓮養房」と記さ

れた文字が現れた。その文字は木をいくつに割っても現われたという。これは蓮養房の心が植木に伝わったことを示すものである。つまり前記蓮如の死のように、植物にも心があり、人間と意思が通じ合うと考えられていたということである。

　大隅和雄氏によれば、鎌倉時代後半に盛んになる猿楽能《さるがくのう》には、桜・柳・芭蕉などの植物の精が登場するようになり、動物、植物が人間と同じように心をもって、物語や縁起に登場するようになるという。大隅氏の指摘は、人間と動植物が同様なポジションにいると考えられていたことを示すが、上記したように人間の人生と植物を同一にすることも、まさにそう理解していることを意味するものであろう。植物も人間のように意志を持ち、生命力や効能など、不思議な力を有するモノとして理解されていたのである（大隅和雄『〈日本の中世2〉信心の世界、遁世者の心』）。

神仏と災害

自然現象

自然現象は人間にとってどのような関係となっているのであろうか。たとえば、自然現象である雷は、前記したように「天魔所為勿論」と表現されたり、雷の神の話などが語られることから、人知の及ばない神と理解されていたことがわかろう。

また雷と関係する雨をみると、『看聞日記《かんもんにっき》』永享六年（一四三四）四月十三日条に「八幡社参」「宮廻如レ例、帰路殊甚雨也、如二雨露之恩一、神恩可レ潤二奇瑞一歟」とある。ここでは貞成《さだふさ》親王が八幡神社に参詣した時に雨が降ってきた。その際彼は雨に濡れることを「神恩」として、神の存在を感じている。

また同記応永二十三年（一四一六）七月八日条では「大雨降、後聞、大雨最中、相国寺《しょうこくじ》鎮守八幡宮宝前辺、自レ天《てんより》小蛇一筋降下（中略）近江《おうみ》国ニも此日、龍降下云々、希代不思儀事也」と、大雨で天から小さなヘビが降り、また近江国では龍が降りてきたと記録している。雨とともに出現する龍は水の神として認識されていたのであった。雨という自然現象に中世びとは神仏を感じていたのであった。

地震と災害伝説

慶長元年（一五九六）閏七月十三日に「去《さんぬる》　夜《よ》子《ね》刻大地震」（『言経《ときつね》卿記』同条）が起こった。通称「慶長伏見大地震」である。地震による死者数の合計は京都や堺で一〇〇〇人以上を数えたと伝えられ、完成したばかりの伏見城天守もこの地震により倒壊し、城内だけで六〇〇人が圧死したといわれている。

その時、「地動ニ付而、去十三日ヨリ、哥《うた》トモ有レ之、門《かど》ニ押レ之也、誰人ノ所意不レ知レ之トモ、町々押レ之、松竹ノ葉ヲ同サシ了」として、次の「哥」＝和歌が詠まれた（同記慶長元年閏七月十五日条）。

ユルクトモ　ヨモヤヌケシト　カナメ石ノ　カシマノ神ノ　アランカキリハ

地震除けの呪文＝「哥」が慶長の大地震の時、門に貼り付けられたらしい。この行為は、後年の文政十三年（一八三〇）七月二日の京都大地震の際にも、この和歌を「皆書写し、戸口の柱或は大極《だいこく》ばしらに張付」（「地震奇談平安万歳楽《みやこまんざいらく》」新撰京都叢書刊行会編『新撰京都叢書』第一〇巻、臨川書店、一九八五）とあり、同じく確認できる。この和歌の貼り付け行為は、永く地震除けとしてなされていたのであった。

ここに掲げた和歌は有名な茨城県鹿島神宮の「カナメ石」＝要石の和歌である。古くは日本列島の下には龍がいて、その龍が動くと地震が起こると考えられてきた。それがやがて近世中期頃から鯰《なまず》へと交替する。いわゆる「世界魚」（世界を支えている動物。それが動くと大地震が起こると信じられている）である。

鹿島大明神の力が宿る要石が地中に住む龍の頭を押さえているので、龍は動かない。地震はその要石が緩んだ結果と考えられていた。この和歌は地震除けの呪文として、民間に流布しており、今回の地震でそれが現れたのである。

自然＝龍に対して無抵抗な人びととそれを救う神＝鹿島大明神の存在、このように自然＝龍は人知の及ばない存在で、それは神仏の領域のモノであったのである。災害は外部からやって来る神であり、そしてそれを防ぐ＝防災するのはそれより強靱な神なのであった。

先の歌を書き付けて、あるいは「松竹ノ葉ヲ同サシ」て、「門ニ押レ之」、「町々門押レ之」とみえる。門に押したというのはそれを門に付けた、あるいは町々の門にとは、町の入り口に付けたということであろう。門や町々の境界に付けるのは、家や町へ境界外部からの災いの侵入を防ぐためであったのである。

また「誰人ノ所意不レ知レ之トモ」とあるように、なぜこのような行為をするのかがすでにわからなくなっている。しかしこれは古くから、先人の知恵として続けられてきたことを物語るものであろう。この辟邪こそ中世びとの生き残っていく英知であったのである。

地震と残った安全な場

平成二十三年（二〇一一）三月十一日一四時四六分に、宮城県牡鹿《おしか》半島の東南東沖一三〇キロの海底を震源とする東北地方太平洋沖地震が発生した。地震規模はマグニチュード九・〇で、日本周辺における観測史上最大の地震であった。最大震度は宮城県栗原市で観測された震度七。平成二十四年十二月時点で、震災による死者・行方不明者は約一万九〇〇〇人となっている。

日本史上に残る大災害をいまさら説明する必要もないが、注目したいのは、津波被害を受けておかしくない場所であるのにかかわらず、受けなかった神社があったことである。そこに神社が建てられているのは偶然ではない。おそらくこの地に住み続けてきた人びとの長い経験と英知が、そこを安全な地と判断させ、神社建立となったと考えられる。そしてそこは神により守られた場として、人びとの集まる場や避難場所となってきたと思われる。

このようなことは全国的にみられ、たとえば、和歌山県の高野山《こうやさん》の麓にある旧花園村は昭和二十八年（一九五三）七月十八日、長雨と豪雨のため未曾有の大水害をうけることになった。有田川上流にあった同村は、山肌が崩れ、地滑り性の崩壊と土石流が起こり、田畑流出七〇町歩、山林崩壊一五〇〇町歩、死者一一一人、重軽傷者三二〇余名を出す、大災害であった。この中で北寺地区においては観音堂が唯一建物として残った。これも偶然ではなく、これまでの経験知による立地と考えられよう。

防災技術などの対策・対応が進んだ現代においても、実は生活に則した長い経験には学ぶべき点が多くあるのであった。しかし現代人はこの歴史的な経験を非科学的として切り捨て、コンクリートの壁や鉄板で陸地を守ろうとしている。むしろこの歴史的経験を科学的に分析し、それを新たな防災技術や対策に活かすべきであるのに。

江戸時代以前の災害観

中世びとは災害をどのように理解していたのか。それは現代の私たちとは大きく異なる。『春日権現験記絵《かすがごんげんけんきえ》』（第八巻第二段）にみられる、高熱に苦しむ病人が屋内におり、その家を屋根から覗く疫病神《やくびょうがみ》に代表されるように、災害や疫神《やくしん》（疫病を流行らせる神）・悪神《あくしん》などは外の世界（あの世・異界）から村や町にやってくる、前記したように村や町内部から発生するのではなく、外部からもたらされると理解していたのである。

この災害観については、笹本正治『災害文化史の研究』（高志書院、二〇〇三）が詳細で有益な研究である。以下、氏の研究に依りつつみていく。外部からの侵入を防ぐとは、その原因となる神々や悪神を、村や町の人びとの住む場所や家に入れない形となり、村の入り口に悪霊などを阻む道祖神《どうそじん》や神社を設け、家は屋敷神に守ってもらった。つまり強い神によって自分たちの世界を守ってもらい、災害を防ごうとしたのであった。

村境は現代的には線や面、空間だが、当時の住民が認識した境は、道でよその村と結びついた村の入り口という特定の場所であった。昔からの村境といわれる場に行くと、塞神《さいのかみ》・道祖神・猿田彦の祠《ほこら》・庚申塚《こうしんづか》などが置かれているのがみられる。また道切り（村境に注連縄《しめなわ》を張ること）がなされたり、勧請縄《かんじょうなわ》などがかけられたりしている場合もある。

このように村は入り口が道祖神などの神々により守られた、神聖な空間として村人に意識されていたのであった。そして村の外側は実際は他の村とつながっていても、必ずしも自分たちの住む村と同じ世界が続くのではなく、自分たちの世界と異なる世界、神々などの住む世界が広がるとの世界観を村人は有していた。

災害を追い出す

もし村内で災害などが生ずると、悪神などが入ってきたと理解され、今度はそれを追い出す行事が開始される。たとえば、疫病が流行《はや》ると、追い出す祭りがみられ、古くはこの追い出す行事を疫病送りといっていた。

室町時代の公家甘露寺親長《かんろじちかなが》の日記『親長卿記』文明三年（一四七一）閏八月六日条によれば、疱瘡《ほうそう》の神を送る行事をして、ところどころで囃《はや》し物がなされており、十五世紀中頃には疱瘡神送りがなされていたことが確認できる。このような行事は現在でも行われている。岩手県北上市のある地域では、正月二十一日に「疫病神送り」と称して、わら人形を作り、村民一同が笛・太鼓・鉦《かね》で囃したてながら、村境に送り出す行事がみられる。

また戦国時代の甲斐《かい》国（山梨県）郡内《ぐんない》地方の記録『妙法寺記《みょうほうじき》』によれば、享禄三年（一五三〇）の七・八月、諸国の神々を茨城県の鹿島神宮に送ることが頻繁に行われていたとみえる。これは鹿島送りといい、鹿島信仰から派生した神送りの一種で、災難が村に襲いかかると悪神を追放するため、人形を作りその中に悪神を追い込めて村境に追い出す習俗である。この人形を鹿島人形という。現在でもみる流し雛も、人形に悪神を依り憑《つ》かせ、村の外に追い出す行事で、鹿島送りの一種である。

このような災害観は、それに対応できる特別な人間たちも登場させていた。それは人間界と神仏の世界を取り持つことのできる特別な人間、宗教者である。中世末期成立の『洛《らく》中洛外図屏風《ちゅうらくがいずびょうぶ》』『七十一番職人歌合《しちじゅういちばんしょくにんうたあわせ》』などには、多くの宗教者が確認され、近世以降からみて、この高い比率は災害排除のためにも多くの宗教者が必要だったことをよく物語る。

災害伝説の意味

長野県のある地方では「土石流」を「蛇抜《じゃぬ》け」と呼び、これは大蛇が移動する際に起こる現象と言い伝えられてきた。この災害に関し、蛇抜け伝説が現在でも語り継がれている。また蛇抜け災害の慰霊碑も存在する。伝説自体、荒唐無稽なものだが、語り継がれる意はどこにあるのか。

伝説は昔話と異なり、話し手とその周辺の人びとに、真実であると信じられてきた点に特徴がある。由来や口碑《こうひ》（口伝えに伝承された文字を用いない文芸、口承文芸）が現在の事物に関する説明や過去の出来事に関する話全般を指すのに対し、伝説は特定の土地にある、具体的な事物と結びつけられ語られてきたものである。

したがって蛇抜けのような災害を経験していない場所には、当然伝説は伝わってはこない。伝説は単に災害の事実を伝えるだけではなく、より積極的に未来に再び起こるかもしれない、災害への警戒をも主張しているのである。それだけに、災害伝説があるところは、再び伝説と同じ災害が起きる危険性がある。その意味で災害伝説の収集がなされるのは重要なことといえよう。

災害伝説を具現化し、しかも印象付けているのが、災害犠牲者の慰霊碑や記念碑、さらには関係する神社や寺、また石地蔵の時もある。災害に際し目にみえるモノを残したり、作ったりすることが、災害の伝説を固定化し、将来に備える手段になりえるのであった。

慰霊碑は本来災害に遭遇した人びとの霊を慰めるために建立されたものだが、歴史的にみると災害の事実を伝え、その碑や記念遺品への不断の供養などを通じて、災害への自覚を与えていることに大きな意義がある。災害に対する知識を植え付け、将来に備えるためには、このようなものの役割が実は大きいのである。

路傍の石と御神体

さて先述のように龍や鯰を押さえるのが要石で、それ自体が神であった。この「石」についても言及しておく。『信貴山縁起《しぎさんえんぎ》』「尼公の巻」には、路傍に祀られた祠とともにある丸石が描かれている。これは石神《しやくじん》信仰の石である。堅固な石に宿る石神はよろずの願かけを聴くという。この石は丸形が多いのが特徴であるという。石が村の境界に置かれ、村への疷神や災いの侵入を防ぐ力を発揮することも知られている。石自体境界的事物である（網野善彦「境界領域と国家」『日本の社会史』第二巻、岩波書店、一九八七）。

また子どもの習俗で子どもが無事に育つことを祈る「産養《うぶやしない》」の行事がある。『紫式部日記絵詞《えことば》』に、敦成《あつひら》親王のその儀式が描かれている。誕生後三日後に行われた儀式には、子どもに供えられた粥・強飯《こわいい》・角高坏《かくたかつき》が描かれている。このような習俗は近年にもあり、配膳された品のなかに石が置かれていることが注目される。この石を「ウブメイシ・チカライシ」といい、新生児の頭が石のように固くなることを祈り供えたという。もともとは氏神や先祖の祠から持ってきた石であったもので、産神自体ではなかったと考えられる。石自体に霊神が宿ると考えられていたのであろう。この石も『紫式部日記絵詞』で確認できる（宮本常一『絵巻に見る日本庶民生活誌』中公新書、中央公論社、一九八一）。

重軽石

石と神意を関連付ける興味あるモノがある。それは重軽石《おもかるいし》である。祈願して、石を持ち上げると、軽く感じた場合、その願いは成就し、重い場合は成就しないというのが一般的である。伏見稲荷（京都市）・住吉大社・今宮《いまみや》神社（以上、大阪市）・高野山奥の院（和歌山県高野町）などが有名であるが、これ以外にも多くある。

祈願成就の神意は石の軽重で示されるが、石自体が重くや軽くなるのではない。まずこの石自体が神なのであり、その神の神意が願人に宿り、人並み外れた力を発揮することができる。したがって軽く感じた人は神の神通力《じんつうりき》を得たからであり、そうでない人は神意を得ない＝剛力《ごうりき》（強力）を得ないので、重く感じるである。つまり剛力は神仏の力に依るものということになる。

この剛力についての詳細は後述するが、弁慶などや神仏の申し子が有していたことからわかるように、剛力は神仏により与えられると考えられていた（宮田登執筆「力」項『日本史大事典』平凡社）。このように神意の剛力を得るために、石に対し祈願することは、石のような自然物にも、当時の人びとは神仏の存在を感じていたことを意味している。

自然との対話

自然は古くから神仏と一体であった。それゆえ自然現象や動物・植物、そして虫、石という自然物に至るまで、中世びとは畏怖の念をもって接してきたのである。動物は人間の意志を理解し、身近な犬は呪力を持ち、人間を守ってきた。その不思議な力を持つ動物は変身して人の世界にも存在していた。植物も神仏が宿り、さらにいえば、人間の意志を理解しており、人間は樹木の成長を人の命と同一にみていた。したがって中世びとは自然を侵害することは基本的にはなかったのである。自然現象のなかでの災害（地震や疫病など）も神の力によるものと理解し、災害をもたらす神を村に入れない努力をしていた。中世びとは自然を抑え、自己の支配下に置くことはしなかったのである。基本的には自然と対話をして、自分たちの生活や生命を維持してきたのであった。それを共生というのであった。

たとえば、動物の狩猟についても、十三世紀には庶民層にも仏教の殺生戒《せっしょうかい》が浸透し、動物を殺すことにも抑制がかかっていく。しかしそれでも狩猟を生活の糧とする人びともいる。その時には獲物を神に捧げ、神の理解を得て狩猟を続けるのであった。決して一方的に行い、狩りまくるのではない（千葉徳爾『狩猟伝承』ものと人間の文化史一四、法政大学出版局、一九七五）。神の理解を得る行為は現在でも家を建てる時、地鎮祭《じちんさい》を行い、その土地の神（地主神）に許可を得ることを考えれば理解できる。

また狩猟する人びとが「悪」とされ、それを仏の救いの対象とした親鸞は、仏教側から自然とともに共生する人びとに理解を示し肯定したものととらえることができよう。

中世びとは、自然と対話し続けていたのである。この点、ヨーロッパの自然観のように、人間が自然を征服・利用するという理解とは大きく異なっている。このように中世びとの生活ではあたりまえのように、自然がつまり神仏が取り巻いていたのであった。その神仏の存在を身近に感じながら、中世びとは生活を続けていたのであった。そしてその自然や神仏の感じ方は、決して観念的世界ではなく、具体的な存在であったのである。

仏の時間と社会

異界の時間

時間は均質ではない

中世社会において空間は均質ではなかった。人間が住む空間、生活する空間以外に別の空間が存在していた。それは神仏の住む世界＝異界、死者の住む他界である。これらの世界は現世とつながり一つの世界を構成していた。ではここでの生活の時間とはどのようなものであったろうか。

今、電話を一分でも待たせれば、相手側はかなり長く待たされたと感じ、なかには電話を切ってしまう人もいるだろう。でも電話が普及し始めた一九六〇年代頃の話だが、私の家に黒色電話があった。隣の家には電話がなく、隣の家に電話がかかってくる時は私の家の電話にかかってきて、私の家がその電話を受けて、隣の家の人を呼びに行くのであった。また隣の人が電話を借りに来ることもあった。その時は使用料一〇円を置いていった。

小学校三年生くらいであった私は、隣のおばちゃんをよく呼びに行ったものだ。そのおばちゃんが私の家の電話にたどり着くまで、四、五分はあったと思う。しかしその時間を待たされた電話の相手は怒り電話を切ることもなく、待っていたのであった。

物理的な時間の長さは、中世であろうと、一九六〇年代であろうと、現在であろうと一分は一分で何ら変わることはないが、時代によって受け取り方が大きく異なるのである。これは遡れば遡るほど、現在にはもう存在しない時間感覚があったはずである。現在の時間は物理的な直進する時間であろうが、前近代ではそればかりではない。特に異界の時間というものも存在する。

異界の時間＝異界との接触

時間で最も有名な話、御伽草子《おとぎぞうし》にある「浦島太郎」（大島建彦校注・訳『御伽草子集』日本古典文学全集三六、小学館、一九七四）を取り上げよう。御伽草子の話は室町時代に成立したといわれており、浦島太郎の話もその時代には成立している。

太郎は釣り上げた亀を逃がしてやり、その礼に龍宮城へ迎えられた。そこで三年過ごしたが、そこから帰ると、元の世界（人間界）では七〇〇年を経ていたというもので、龍宮城とは異界、太郎が滞在した三年とは日本国以外の国（異界）の時間を示す。つまり異界に接した人間の話なのである。したがって中世社会は異界と人間界との時間の二つがあったのである。異界時間の三年＝人間界の時間で七〇〇年ということは人間界からみると、異界時間の流れは人間界の時間より遅いと考えられていたことがわかる。

同じくかぐや姫の場合を考えよう。月（異界）の住人である彼女は三寸で誕生して、三ヵ月で成人となったという（片桐洋一ほか校注・訳『竹取物語』日本古典文学全集八、小学館、一九七二）。通常の人間より明らかに早いスピードで成長している。つまり月の世界＝異界の時間は、人間界に比し遅く流れていることになる。

もう一例瓜から生まれた瓜姫を「瓜姫物語」（『御伽草子集』）よりみてみよう。姫は神仏が老夫婦に遣わした神仏の申し子であった。その姫は「いくほどなく、年十四、五にも見えければ（中略）天人の影向《ようごう》もかくやと見えたり」と、成長が早いとされている。神仏の申し子の姫が人間界で成長が早いことは、神仏の世界では成長が遅いということである。

神仏の申し子は成長が早い

『平家物語』巻第八「緒環《おだまき》」（市古貞次校注・訳、日本古典文学全集二九・三〇、小学館、一九七三・一九七五）には「いまだ十歳にもみたざるに、せいおほきに、かほながく、たけたかかりけり、七歳にて元服」と、緒《お》方三郎維義《がたさぶろうこれよし》を先祖に持つあかがり大太《だいた》は、日向《ひゅうが》国高知尾《たかちお》明神の神体の大蛇の子であった。十歳に満たないのに、背も高く七歳で元服したという。

このように神仏の申し子は成長が早い、そして先の瓜姫もやはり成長が早い。これらはかぐや姫と同じで、異界の人間は人間界で成長が早い、つまり中世社会では神仏の世界＝異界では人間界に比べ、時間の流れが遅いと考えられていたのであった。これは次の事例にもつながる。

「小敦盛《こあつもり》」(『御伽草子集』)は小敦盛が父平敦盛の幽霊と出会う話である。その父は源平の合戦で亡くなった姿のままであった。『謡曲集』「八島」(小山弘志ほか校注・訳、日本古典文学全集三三・三四、小学館、一九七三・一九七五)には「甲冑を帯し見え給ふは、もし判官にてましますか、『われ義経が幽霊なるが』」と、合戦状態のままの源義経の幽霊が出現している。また『謡曲集』「実盛《さねもり》」には、「われ実盛が幽霊なるが」「二百余歳の程は経《ふ》れども」とあり、鎌倉時代に没した斎藤実盛は、二〇〇余年を経ても他界で生き続け、実盛であり続けたのである。

これらの事例のように没した小敦盛・義経・実盛の幽霊は、没した時の姿で出現している。ここから考えて死者の時間は止まっているか、あるいは時間の流れが人間界に比べてはるかに遅いかであるが、これは前記の異界の時間が遅いことと同じであろう。

異界や他界の時間が遅いということは

異界や他界の時間が遅いということは、次のようなことが考えられる。当時、往生人は遺体が腐らない奇瑞を起こすとされる。これは適当に考えられたのではない。それなりの原理があるはずである。

時間の観点からみると、これは人間が往生し往生人となり、神仏の世界に入る＝異界の時間に支配されるようになり、別の時間で生きることになる。それは人間界からみれば、遅い時間が流れる。したがって遺体が腐るように時間が早く進まないと、中世びとは考えたからであろう。遺体が腐らない場合（屍蠟《しろう》など）も存在するが、このようなことは異界の時間の支配によるものと理解されてきたのであろう。かぐや姫の成長が早いのも、異界の人間であり、それは神仏の領域に属する人物であるからである。

さらにこのことはアジールにも関連させてもいえる。アジールとは聖域・平和領域を意味するドイツ語で人類最古の法制度の一つである。特定の空間・人物・時間と関わった人間が、一時的あるいは持続的に不可侵な存在となる状態をいう。つまり国家権力など、いかなる権力も介入できない領域または状態をいうのである。このような権利は時代を遡るほど、あらゆる場所で存在していたと考えられるが、時間を経るなかでアジールは縮小し、現在は各国外交官・大使館特権や国際赤十字への不可侵性、政治亡命などにその名残がみられる。近世では縁切寺（駆込寺《かけこみ》）の機能にその実態の一端がうかがえる（網野善彦『増補無縁・公界・楽』平凡社、一九八七）。

アジールは、人間界に出現した神仏の支配する特別な時間や空間ゆえに、神仏の支配が有効に作用しており、そこに触れる人間は神仏の領域の下におかれていると考えられた。したがって人間は神仏の支配を犯すことは当然できず、国家権力などの介入は許されなかったのである。

一日の始まり

時間で問題となるのは、①一日の始まり、②時刻・時間の知り方、③夜は怖い時間、黄昏時《たそがれどき》の不安などではないかと考える。宮田登『日和見』（平凡社選書、平凡社、一九九二）によると、一日の始まりは次のように整理されている。

夕暮れ……柳田国男

日の出及び日没（併存説）……田中元

一日の始まりは柳田の説をよく聞く。これは夜が聖なる時間と考えることに根拠があるようだが、それは正しいのであろうか。再度、日記・古文書などから確認してみたい。日記・物語に出てくる時刻でみてみよう。

A『平家物語』巻第二「西光被レ斬《さいこうがきられ》」

同（安元三年）五月廿九日のさ夜ふけがたに（中略）あくれば六月一日なり

B『平家物語』巻第九「老馬」

五日《いつかのひ》のくれがたに（中略）六日のあけぼのに

Aは二十九日が明ければ、次の日の六月一日とする。つまり夜明けが次の日とある。Bは曙（日の昇る時間）を次の日の六日としている。物語では夜が明けて日が変わっている。

C『言国卿記《ときくに》』明応三年七月二十九日・三十日条

廿九日

一今日、早々盗人之儀（中略）

卅日

一今日、夜明テ、内蔵頭《（山科定言）》

Cの日記二十九日条から三十日条に記述が変わって「今日、夜明」けとある。つまり夜が明けてから三十日となっており、一日の始まりは夜明けである。

本願寺蓮如の十男願得寺実悟《がんとくじじつご》が、蓮如の時代やそれ以後の戦国時代の本願寺の行実を記録した「蓮如上人御一期記」には、「サル程二二十五日ノ夜更テ、二十六日ノ暁ニ」として、二十五日の夜が更けて、その後に二十六日の暁とある。これらから判断しても、日が変わる＝一日の始まりは日が昇る時間であったと考えられる。このように一日の始まりは夜ではなく、明らかに夜が明けてからである。

日の始まりの時刻はいつ？

夜明けが一日の始まりであることはわかったが、それは時刻ではいつをさすのであろうか。時刻は子・丑・寅などと、日記などでは十二の時刻（十二辰刻）に区分され、表記されることが多い。では一日の始まりはどの刻であろうか。

『小右記《しょうゆうき》』長保元年（九九九）十二月一日条「（太皇太后昌子崩御《たいこうたいごう》）朔日《ついたち》子終、丑始歟」のように、一日条の記述に、当該日の時刻を朔日「子・丑」としているので、子・丑刻は朔日の時刻であることは間違いなく、二日《ふつか》の時刻ではない。したがって子・丑刻は二日の始まりの時刻＝日の始まりの時刻ではない。

『師守記《もろもりき》』貞治四年（一三六五）四月十日条では「今夜丑剋許《ばかり》」にと、足利義詮《あしかがよしあきら》の男児が丑刻に誕生するが、四月十一日条には「去夜誕生男子卒（死去）」と、その男児は四月十日に誕生しすぐに亡くなったと記されている。十一日条の記述では、「去夜」＝丑刻に誕生と表現している。つまり丑刻は十一日からみると、前日の時刻であった。

D『平家物語』巻第六「祇園女御《ぎおんにょうご》」

同（三月）十六日の夜半ばかり、源氏の勢六千余騎（中略）明くれば、十七日寅の剋

E『平家物語』巻第一一「勝浦」

あくる十八日の寅の剋に

前者は夜半が十六日、寅刻が十七日で、寅の時刻より日を変えて表現している。後者は同じく寅刻を「あくる」と、次の日としている。前記『小右記』の記事では、子・丑は日の変わり目の時刻ではないので、この話にあるように丑に続く時刻の寅が日の変わり目であるのはつじつまが合っている。

日の始まりは寅刻

『師守記』貞治元年十二月二日条には「今夜丑剋、地震」、十二月五日条には「今暁寅剋（中略）入〳夜丑剋大地震」とあり、十二月二日条で丑刻を「今夜」と呼び、五日条では寅を暁とし、丑を「夜」と表現する。つまり日が明ける時刻は「寅」であることが明らかである。同じく『師守記』貞和五年四月十三日条・四月十四日条には「今日戌剋、地震」「今暁寅剋、又地震」と、四月十三日条の戌剋の地震を受けて、翌日十四日条で「又地震」と表現する。ここでは「今暁寅剋」と、寅刻を日が明けて十四日としている。どうやらこの寅の時刻が一日の始まりと考えて間違いない。

このように記事からみて、寅刻が日の変わり目と考えて間違いない。寅刻はおよそ午前三時から五時にあたり、明け方の時刻である。一般的によく聞く一日の始まりは、柳田国男の「夕暮れ」であろう。しかし日記の記事からすると、日の変わり目、つまり一日の始まりは明け方である。これは事実であり動かない。

ではどうして夕暮れと考えるようになったのか。それは夕暮れが黄昏で、昼と夜の世界の狭間、トワイライトゾーンであり、以後、神仏の時間＝聖なる時間と考えたからであろう。ただこれは民俗学的発想であり、みたように当時の日記などからはそれは確認をしえなかったのである。

この寅刻については、すでに時刻制度の研究から指摘されていたのだが、歴史学の研究者は見落としてきた感がある。それは柳田国男の研究への信仰に似た安心感に甘んじていたためではなかろうか。橋本万平『日本の時刻制度』（塙書房、一九六六）には次のように指摘している。

丑刻一ぱいは前日であり、寅刻から本日となる（中略）丑刻と寅刻の境は、現在時法で午前三時になるので、当時は、午前三時以前の出来事は、前日の日附とした（中略）これが寅刻から始まっているのは、一日を同時刻から始めていた為と考えてよい

神仏出現の時間

黄昏時《たそがれどき》は昼と夜の境で、トワイライトともいわれる不安定な時刻で、魔物の出現する時刻とよくいわれる。また夜は幽霊や化け物が闊歩して怖い時刻ともいう。これは夕暮れ、祭りは宵祭り＝夕方からスタート、正月は大年《おおとし》（大晦日）の夜からスタート、盆は十三日夕方の迎え火からスタートする。つまり聖なる時間は夕方から夜が聖なる時間と考えられており、夕・夜は神仏の時間とされたからであろう。

しかし歴史的にみて、これは本当であろうか。当時の史料で神仏の出現時間を確認してみよう。

K『平家物語』巻第一「願立《がんだて》」

八王子の御社に（中略）陸奥《みちのく》よりはるぐとのぼりたりける童神子《わらわみこ》、夜半計《ばかり》、にはかにたえ入りにけり（中略）山王おりさせ給ひて

このKでは神が憑依《ひょうい》する時刻は夜半であった。同じく『平家物語』で神仏の出現事例を追ってみると、次のようになる。

暁がた　龍神（巻第二「卒塔婆流《そとばながし》」）／夜　厳島《いつくしま》の大明神（巻第三「大塔建立」）／丑剋《うしのこく》　閻魔《えんま》王の使い（巻第六「慈心房」）

このように『平家物語』をみる限り神仏やそれに類する者は、暁と夜に現れていることがわかる。『宇治拾遺物語《うじしゅういものがたり》』巻第一―一「道命和泉式部の許《もと》に於《おい》て読経《どきょう》し五条の道祖神聴聞の事」では僧道命が暁にまどろむなか、五条道祖神が出現している。同じく『宇治拾遺物語』巻第一―一六「尼地蔵見奉る事」では地蔵菩薩がやはり暁ごとに歩くとしている。御伽草子で確認すると、「鼠の草子《ねずみのそうし》」（『御伽草子集』）には「鼠の権頭《ごんのかみ》」が清水に参詣して、暁に不思議の霊夢をみている。「文正草子《ぶんしょうぞうし》」（『御伽草子集』）には、鹿島大明神が夜半に現れ、気高き御声が聞こえている。また「小敦盛」では小敦盛が父に出会いたいため賀

茂大明神に祈ると、年の齢八十ばかりの賀茂大明神の化身した老僧が、暁に出現している。「さざれ石」（『御伽草子集』）では薬師如来の出現は夜であった。

これらのことから、神仏は暁・夜に出現していることは明らかであろう。これは通常いわれる聖なる時間と同じである。したがって夕暮れあたりから神仏の時間が始まり、そして暁がその終わりの時刻ということになる。「極楽寺殿《ごくらくじどの》御消息《ごしょうそく》」（石井進ほか編『中世政治社会思想』日本思想大系二一、岩波書店、一九七二）に「一、神仏を朝夕あがめ」と、神仏を朝夕にあがめる行為は、神仏の出現時間と消滅時間に対応していると考えられる。また宮田登氏は『日和見』で日本人は「『黎明』にあたる明け方と、それに対する暮れ方についてはきわめて敏感であった」と指摘するが、これは上記の神仏の出現と消滅の時間をいうのであろう。神仏に関わる境の時刻ゆえ敏感であったと考えられる。

化け物出現の時間

夜から暁にかけてが神仏の時間であれば、それは現世ではない違う時間が働き出しているということである。その時間は神仏だけが活動するのではなく、異界の者や魔物も活動し、不思議な現象も生じている。

『平家物語』巻第四「鵼《ぬえ》」には「御悩《ごのう》は丑の剋ばかりでありけるに」「雲のなかにあやしき物の姿あり」と、丑刻に化け物が出現している。『義経記《ぎけいき》』巻第一「牛若貴船《きぶね》詣の事」（梶原正昭校注・訳、日本古典文学全集三一、小学館、一九七一）には「（貴船社）天狗の住家と成りて、夕日《せきじつ》西に傾けば、物怪《もののけ》をめきさけぶ」と、夕暮れから物怪が活動をしている。『宇治拾遺物語』巻第一―一七「修行者百鬼夜行《ひやつきやぎよう》にあふ事」には「夜中ばかりに（中略）人にもあらず、あさましき者ども」が出現している。『看聞日記《かんもんにつき》』応永二十五年（一四一八）二月十六日条では、狸・狐が化けた奇女が晩景に現れている。

『宇治拾遺物語』巻第一―三「鬼に瘤《こぶ》取らるる事」ではこぶをもつ翁が、山で鬼に出会い、鬼は「今宵の御遊びこそいつにもすぐれたれ」「暁に鳥など鳴きぬれば、鬼ども帰りぬ」とあり、夕暮れから夜に鬼に会い、暁に鳥が鳴き（夜明け）、鬼が帰るとなっている。「小敦盛」に出る敦盛の霊も夜出現し明け方消える。これらは神仏と同じく聖なる時間が夕暮れから始まり、暁に終わることを示している。

このように魔物・鬼や幽霊は夜に出現し、暁には姿を消しており、この時間が人間の時間ではなく、聖なる時間、あるいは異界の時間と理解されていたことがわかる。「蓮如上人仰条々」（『真宗史料集成』第二巻）に「（焼けた）名号ノ灰ヲ箱ニ入置タリシニ、一夜ニソノ灰、三尊マテ、阿弥陀如来ノ金仏トナル」とあるように、文字である名号の灰が一夜で金仏に変わったことも、夜が聖なる時間であったからであろう。

また「猿源氏草子」（『御伽草子集』）にみられる「洛中は、日暮れねば、小路物忩《こうじぶつそう》に候ふあひだ」という、日が暮れて「物忩」（物騒）というのは単に夜が危険というのではなく、夜が異界の者の時間であるからであろう。

往生の時間

今までは神仏の時間の話であったが、人間が仏の世界に往く、往生の時間はどうなっているだろうか。何らかの傾向はうかがえるであろうか。『拾遺往生伝』（井上光貞ほか編『往生伝　法華験記』日本思想大系七、岩波書店、一九七四）より時刻のわかる事例を拾い、一覧すると表1のようになる。

往生伝にみえる時刻でいえば、往生は巳刻・午刻がもっとも多く、その他を含めると、暁ごろも一つのピークである。また卯・辰・亥刻にはみられない。つまり全体として往生は、夜ではなく午後・夕方・暁に多い。夕方が出現したのは、極楽が西方浄土《さいほうじょうど》にあると考えられていたため、夕日に関連する時刻が選ばれていったものと思われる。親鸞《しんらん》の登場まで往生は来迎《らいごう》が基本で、往生する側は仏に迎えに来てもらっていた。前記のように神仏出現の時間は、夜中や明け方つまり深夜に多く、往生の時間帯とは少しずれている。

おそらく仏は往生世界が展開すると、人間が往生を遂げるた

表1　『拾遺往生伝』より判明する往生の時刻と回数

時刻	子	丑	寅	卯	辰	巳	午	未	申	酉	戌	亥	計
回数	1	1	3	0	0	4	5	1	1	2	1	0	19

＊　その他，中夜1回，後夜2回，今夜1回，夜暁1回，暁2回，夕陽沈みたる後1回，星夜1回，計9回あり．

＊　中夜　よなか．夜半．／深更　深夜．／後夜　寅の刻．夜半から夜明け前の頃．／夜暁　夜が明けること．またその時分．明け方．あかつき．日の出前．

びに、深夜以外にも、午後、夕方というように、出現する時間を増加させざるを得なくなったに違いない。つまり仏は本来の出現時間帯から時間外労働となって来迎することになったのである。現在に至り神仏は必ずしも時間に限定されず出現するようになるのは、本来の出現時間に加え、この往生の時間の成立があったためであろう。

中世の時間とは

中世の時間は概していうと、人間の生きる現世と異界・他界に対応するように各界の時間があった。両時間はばらばらではなく、両界が通じ合っているように両時間も関連していた。宮田登『日和見』の表現をかりると、「俗なる時間という体系が、聖なる時間と相互補完の形で存在」、「俗なる時間は、われわれがごく普通に過ごしている日常生活のスケジュール化された部分」、「聖なる時間についていうなら、これは『普通の時計が示す時間ではない』ものである。それは反復可能であり、逆戻りできて、決して変化しないという特性をもっている」というものである。

また阿部謹也氏は『甦える中世ヨーロッパ』（日本エディタースクール出版部、一九八七）で、時間について次のような興味ある指摘をしている。

時間は人間の行動や自然のリズムによって定められていたのであって、抽象的ではなく、常に具体的でした。（中略）時は円を描いて流れていると考えられていたのです。商人たちは未知の都市や市場との往復に要する時間や距離をあらかじめ計算し、往復に要する費用するまで予測して行動しなければなりませんでしたし（中略）時間は自然の時間ではなく測量可能な時間でなければならなかったのです。この頃には日時計や水時計、砂時計といった自然のリズムに合わせた従来の時計に代わって歯車を用いた機械時計が出現し、時間意識の決定的な変革の契機となっていました。

自然のリズムと全く異なった機械時計が中世都市の教会の鐘楼に向い合って立つ市参事会堂の大時計として設置され、市民の日常生活を律するようになっていきました。教会の鐘は祈禱時間を知らせるためにつくられた（中略）教会は商人や市民の自律的な時間意識の形成に異議を唱えはじめます。つまり時間は本来神が創ったものであり、神にのみ属すものであるから

阿部氏も指摘するように、中世における現世の時間は、現在のように直進するものではなく、また数字の二時とか三時とかいう抽象的なものではなかったのである。時間は自然や人のリズムであり、一年や季節のめぐりかわる円環的時間であり、それは生活に密着した具体的なものであった。時計というものも日時計など自然と一致する道具であった。

この時間は本来、神が司っていたものであった。神のもとにあった教会も本来祈りのために時間を把握し、人びとの生活に影響を与えていた。しかし社会の変化とともに、商人

の合理的な活動、手工業における労働の問題などにともない、測量できる時間が必要となった。その結果、自然のリズムとは異なる時間が見出され、都市部では機械じかけの時計の導入などにより、旧来の神の支配する時間は大きく変わらざるを得なくなった。

日本でも時間は本来神仏の世界のモノで、自然のリズムで働くものであった。これは自然＝神仏であったことを考えれば当然である。時の測り方もそのリズムのなかであり、中世びとはそのリズムのなかで生業を営み生活をしていた。

しかし社会の発展とともに事態は変わってくる。戦国時代には都市においては香時計《こうどけい》（香印）などを使い、人間が時間を管理するようになり、村でも商品経済の進展により都市の時間に規定され同様な事態が進行し、自然の時間ではない時間が作られ、近世社会の前提ができあがってくる。それは神仏の権威の低落といえるものであった。むろん一気に払拭されたのではなく、同時並行的に神仏の時間も依然存在はしていたが。

仏体の社会史——神仏も変わる

鎌倉時代に法然・親鸞ら各祖師たちが出現したのは、「悪」と称された武士・金融業者などの擡頭により、かつてないほど日本社会が「悪」の問題に直面し、政治的・思想的に最も緊張したためであった。祖師たちは真摯にそれに向き合い「悪人」を救済していった。

造形美にとらわれない時代

「悪」の時代の到来で社会不安が増大すると、平安時代末期には展開していた浄土教に往生を求め、みなが傾倒する。浄土教はこの世で命を終えたのち、他の世界に往《い》き生《しょう》を受ける（＝往生）と説き、念仏の功徳によって臨終の時、阿弥陀如来の来迎《らいごう》に預かり、阿弥陀仏の国土である西方の極楽浄土に往き生まれることを主張した。

特に中流貴族が当初その中心であった。なぜならこの時期、貴族社会では役職・家格が固定し、中流貴族は現世ではもう出世が望めず、来世に希望をかけ往生を求めたためであった。ただし当時往生は「奇瑞《きずい》」の出現がその証《あかし》と理解されていた。奇瑞とは臨終時に、異香《いこう》（この世ではないよい香り）がしたり、音楽が聞こえたり、天から花が舞う、紫雲が立ち上る、遺体が腐乱しないなどだが、およそ起こり得ないものばかりであった。

貴族は金銭を使い仏像や堂を作り、必死に奇瑞や仏の来迎に預かろうとしたが、民衆は金銭をかけられないうえに、奇瑞はほとんどありえないため、大部分の人は往生を遂げることができなかった。

親鸞の登場

そこで登場したのが親鸞など「悪」に向き合った祖師たちであった。親鸞は従来の教典の独自な解釈を通して、阿弥陀仏の本願を信ずるところに、その救いが成立する、したがって造形美の仏像や臨終での奇瑞・来迎などは必要ではないとの宗教的境地に到達。それを民衆に説き、多くの人びとに救いの道を開いた（網野善彦「中世における悪の意味について」『日本中世に何が起きたか』日本エディタースクール、一九九七）。

金銭をかけ仏像の造形美に目を奪われ、奇瑞や来迎を期待するという誤信した宗教的境地では、限られた人びとしか救われない（千葉乗隆「真宗の礼拝対象」『千葉乗隆著作集　真宗文化と本尊』第四巻、法藏館、二〇〇二）。このところから考えれば、親鸞のような教えの登場は必然といえる。親鸞が文字で仏像を表現したといえる名号《みょうごう》(「南無阿弥陀仏」などの仏名を記したもの)を本尊として独自発想したことは有名だが、この抽象的な名号こそ、まさに親鸞の宗教的境地の具現化だったのであった。

仏体の変遷―仏体の数が減る、仏のリストラ―

独自な往生観が提示され、信仰の対象の形も徐々にではあるが変化をみせた。親鸞登場前の浄土信仰は、阿弥陀仏が迎えに来てくれる往生、来迎であった。その際の様子は来迎図に描かれている。鎌倉時代の来迎図の傑作、京都市知恩院《ちおんいん》所蔵「阿弥陀二十五菩薩来迎図」(通称「早来迎《はやらいごう》」、国宝、図1)は、法然没後の制作だが、法然の思想の影響により阿弥陀仏が立ち上がり、その周囲には音楽を奏でる二〇体を超える諸仏を引き連れ、往生人を迎えに来る能動的像容である。

しかし鎌倉時代末期成立の『法然上人絵伝』巻三七にみえる法然の臨終に伴う来迎場面では、阿弥陀如来と勢至《せいし》と観音両菩薩が来迎するのみとなっており、仏体の数が減少している(図2)。鎌倉時代成立の「山越阿弥陀図《やまごえあみだず》」(京都市禅林寺所蔵)は二つの山の谷の間から阿弥陀如来が上半身を出現させ、その両側に観音・勢至両菩薩が雲に乗り来迎する、弥陀三尊の像容である。当初、阿弥陀如来はみずから、往生人を迎えに来る能動的な仏であった。そこには図1の如く音楽を奏でる多くの仏たちが描かれている。往生の証に音曲が

図1　阿弥陀二十五菩薩来迎図（早来迎，京都市・知恩院蔵）

図２　『法然上人絵伝』(法然臨終場面部分，京都市・知恩院蔵)

聞こえるとは、このような仏たちが迎えに来たためであった。

しかし法然の説く阿弥陀如来の救いにすがる教え、阿弥陀如来の救いを信ずる心がおこった時に往生が決定《けつじょう》すると説く親鸞の教え、やや遅れて名号を唱えることで弥陀と人間とが混然一体となり、そこに救いの世界があると説く一遍《いっぺん》らの出現により、信仰は阿弥陀如来のみの形に傾斜し、さらに来迎の必要性は基盤を失っていく。このように来迎図とはいえ、親鸞らの登場により迎えに来る仏たちは減少したのである。

時代が進むと、両菩薩が消え、阿弥陀如来は単体に描かれることになる。たとえば、山形県酒田市の浄福寺所蔵「来迎図」は鎌倉時代末期成立だが、阿弥陀如来単体で描

図3　阿弥陀如来絵像（文明二年〈1470〉，京都市・龍谷大学図書館蔵）

かれている。蓮台《れんだい》に立つ如来は雲の上に乗り、さらにその左足は少し前に踏み出し、これが来迎であることと表現している。

さらに時代が進むと、文明二年（一四七〇）二月十二日、本願寺蓮如が大和国十津川《とつかわ》長瀬鍛治屋の本尊として授与した「阿弥陀如来絵像」（図3）のように、雲もなくなり、蓮台に立つ、そして左足も踏み出さない単体の像容となる。つまり中世においては、阿弥陀如来を取り巻く仏たちの数は画面上減少していくのである（宮崎圓遵「名号本尊」「尊号から尊像へ」「本尊としての六字名号」『宮崎圓遵著作集』第四巻、同朋舎、一九八七）。

シンプルな仏、抽象的な仏

信仰の対象には仏像がある。そのうち仏画は概していえば、来迎図から仏体が減少、単体に変化する。素材からいえば、金属・木・絵（紙・絹）などがあるが、真宗の特徴からいえば、さらにシンプルになり、親鸞の登場以後、名号という文字の仏像が成立することになる。

室町時代に蓮如が登場して真宗は勢力を拡大する。その際、蓮如は名号を門徒や末寺・道場などに配し、それが信仰のよりどころになり、真宗信仰の展開に大きな役割を果たしたと考えられている。その経緯を記録では、次のように語られている。

一つは「一蓮如の御時は廿五日御斎《おとき》前に名号を三百幅まて、あそはされ候（中略）然《しかれ》ハ廿八日・十八日御斎前にも百幅、二百幅名号を被《あそばされ》レ遊たる事」、二つは「（蓮如）仰《おおせ》ニ、我ホト名号書タル者ハ日本ニ有間敷《あるまじき》ソト仰ラレケル」、三つ目は「大坂ノ坊ハ、蓮―（如）、名号ヲ人ノ申サル、人ノ御礼ノツモリシヲ以テ、御建立ノ御坊也」（以上、「本願寺作法之次第」「蓮如上人御一期記」「拾塵記《じゅうじんき》」『真宗史料集成』第二巻）である。

これらには蓮如が行事の際に名号を百単位で書いたことや、みずから多く名号を書いたと語っていたこと、さらに名号授与の礼金で大坂御坊（後の大坂本願寺、現大阪城付近）が建立されたことが伝えられている。これら史料は戦国末期頃の成立で室町後期の事実を伝えているかは検討を要すが、現在、各地に伝来する蓮如の名号の伝存状況をみれば、蓮如が豪語したように大量に書したことは事実である。

絵像と名号

名号とは文字で書いた仏体のことで、「南無阿弥陀仏」の六字、「帰《き》命《みょう》尽《じん》十方《じっぽう》无《む》㝵《げ》光如来《こうにょらい》」の十字、ほか九字などもある。六字でも十字でも阿弥陀如来の仏名で同じである。蓮如はAのようなフレーズを語ったと伝えられるが、ここからみる限り、木像も絵像も名号も同じ仏像と理解されていたと思われる。

A「蓮如上人仰条々」

他流ニハ、名号ヨリハ絵像、絵像ヨリハ木像ト云也、当流ニハ木像ヨリハ絵像、絵像ヨリハ名号ト云也

さて木像と絵像が仏像であることは理解できるが、名号という文字が仏像とはいささか理解しにくい。先の図3や次の図4・5の名号をみてもらいたい。

これらは中世びとにはすべて仏像にみえていたのである。図3は理解できるが、図4・5は単なる文字で、これが仏像にみえるとは理解できない。しかし図4は、図3のように文字の下に蓮台が描かれており、蓮台に乗るモノが仏体であることを明確に示している。さらに図3の絵像に描かれている光明が図4にみられることからも、やはりこの文字が仏

図４　十字名号（長禄四年〈1460〉，滋賀県守山市・慶先寺蔵）

図５　六字名号（蓮如筆，滋賀県守山市・慶先寺蔵）

体であることを意味している。

図5の六字名号には蓮台・光明もない。しかし西本願寺所蔵の親鸞筆六字名号は蓮台に乗っており、明らかに仏体であることを示している。したがってこの親鸞筆の名号と、同じ文字での六字名号である図5は、蓮台省略の形での仏体であることがわかる。

大阪府堺市万福寺所蔵「六字名号幷二尊像」では、真ん中に蓮台に乗る「南無阿弥陀仏」の文字が書され、その両脇に二尊の阿弥陀仏が描かれる。岩手県盛岡市本誓寺所蔵「阿弥陀如来絵像」は真ん中に「阿弥陀如来絵像」、その両脇に蓮台に乗る「南無阿弥陀仏」の二行の文字。この両絵像は名号と如来絵像がたがいに入れ替わった形をしている。つまり名号と如来絵像とが入れ替わることは、両者が同じものとみえていたからである。

さらに盛岡市願教寺所蔵「阿弥陀如絵像」（室町時代作、図6）は、尊像を中心に描き、長方形の絹地の天地左右に取り巻くように「南無阿弥陀仏」の名号が一六点書かれている。この名号を仏体に替えた絵像が、大阪府八尾《やお》市顕証寺所蔵「阿弥陀如来絵像」（室町時代作、図7）である。中心に阿弥陀如来を描き、長方形の絹地の天地左右に化仏《けぶつ》四八体を描く。つまり図6の天地左右に記した名号は、仏にみえていたということである（信仰の造形的表現研究委員会編『真宗重宝聚英』第三巻、同朋舎、一九八九）。

このように中世では名号の文字も仏像とみえていたのである。上記の感覚は現代人は持

図6　阿弥陀如来絵像（岩手県盛岡市・願教寺蔵）

図7　阿弥陀如来絵像（大阪府八尾市・顕証寺蔵）

ち得ない感性である。どうして文字が仏像とみえるのか。そこには中世社会における文字世界に言及する必要がある。

名号が仏像にみえる

B「蓮如上人一語記」（『真宗史料集成』第二巻）

法敬坊、上人《蓮如》へ申サレ候、アソハサレ候御名号焼申候ガ、六体ノ仏ニナリ玉ヒ申候、不思議ナル御事ト申サレ候、前々住上人《蓮如》、其トキオホセラレ候、ソレハ不思議ニテモナシ、仏ノ仏ニ御ナリ候ハ、不思議ニテモナク候

文字である名号（南無阿弥陀の六字名号）が焼け、六体の仏体と変化したこのBは、名号が単なる文字ではなく、文字一つ一つが仏体であると観念されていたことを物語る。これは文字を「聖なるモノ」ととらえた好例で、「ソレハ不思議ニテモナシ、仏ノ仏ニ御ナリ候」（＝文字であった仏が仏体になっただけで、文字でも他の形でも仏は仏、不思議ではない）の一文は、その観念をよく示している。

C「蓮如上人仰条々」

志ノ人、蓮如上人御筆ノ名号ヲ所持ス、然ルニ不慮ニ火事ニ屋ヲ焼侍レハ、名号モ焼タリ（中略）アマリノカナシサ《悲》ニ焼ケタリケル名号ノ灰ヲ箱ニ入置タリシニ、一夜ニソノ灰、三尊マテ阿弥陀如来ノ金仏トナル

D「拾塵記」

其内ニ大福（幅）ノ名号一フク別ニ置タルカ、コト〳〵クヤケニケリ、カナシミテ、ソノ灰斗《ばかり》ヲ取テ箱ニ入置タリシニ、其夜　悉《ことごとく》小仏トナル

このCDは多少文言は異なるが、いわんとすることは同じで、焼けた名号が「六体ノ仏」「三尊マテ阿弥陀如来ノ金仏」「小仏」となったというもの。名号が焼け金仏となった点より考えて、当時名号は単なる文字ではなく、仏そのものと考えられていたといえる。

文字の不思議

この考えは当時の文字観とかかわるが、文字には何か不思議な力（「聖なるモノ」）があると考えられていた事例には、『康富記《やすとみき》』嘉吉二年（一四四二）十月九日条にみえる記事がある。これは中原康富が「多武峯《とうのみね》御告文清書」を申付けられ、世尊寺行賢より「書様口伝」された記事である。

E『康富記』嘉吉二年十月九日条

不吉之字ハ墨を薄く細く可レ書也、吉字ハ墨黒に可レ書レ之、仮令《たとえば》不吉字者《は》、火災、禍難、灰燼、死、兵乱、病、此等之類也、吉字は福徳、寿命などの字類也、命などの字は分よりも長く可レ書也

このEにみられるように、文字には吉と不吉があり、吉の場合は墨を濃くして書し、不吉はその逆に薄く細く書せとある（このような行為は現在でも行われている）。これは文字を薄く細くすることで、その不吉なことの現実化を防ごうとしたものに他ならず、また

①②が通常の「分・命」のくずし字、③が終筆を長くした「命」。

図8　「分・命」のくずし字

「命」を「分」より長く書くとは、「命」を長い形で書くことで長生きできると考えたからに違いない（図8）。したがってこの事例は、書くことで吉・不吉となったり、長寿が現実化すると考える、つまり文字が現実化するとの観念の存在を示すものである。

これをみれば、現在の我々と異なり、中世びとが文字を「聖なるモノ」と認識していたことは確かであろう。したがって文字たる名号にも、奇瑞が生ずると考えられていたとしても何ら不思議ではない。

このような考えは日蓮にもみられる。彼が書状などで「法華経を読奉り候なは、御経の文字は六万九千三百八十四字、一一の文字は皆金色の仏也」や「妙の文字は（中略）半月の満月となるかことく、変して仏とならせ給文字也（中略）此妙字は、仏にておはし候也」（建治元年八月日「日蓮書状」・弘安三年五月四日「日蓮書状」『鎌倉遺文』史料番号一二〇〇五・一三九五一）と主張する、文字＝仏の思想も上記事例と同観念であろう。

また細川頼有《ほそかわよりあり》が後小松天皇より受けたと伝える、著名な「錦の御旗」には、赤地の錦の布上に丸い日、その下の向かって左側「八幡大菩薩」、右側「天照皇太神」の神号が金箔で箔押されている（伊東正子「中世の御旗」『歴史評論』四九七、一九九一）。錦の布上に箔押された神号は、単なる文字ではなく、当然それ自体神と考えられていたはずである。つまり錦の布の上に神が来臨しているということである。これも文字自体が不思議な力を有すという事例であろう。これは起請文《きしょうもん》の罰文《ばつぶん》に記される神仏が文字でありながら、紙面に神仏が来臨しているとの観念の存在を考えれば、理解できるであろう。

メモをとらない

鎌倉時代後期成立と考えられる高田本『善信《ぜんしん》聖人親鸞伝絵』（三重県津市高田派本山専修寺所蔵）には、笠間の草庵で親鸞が人びとに布教する様子が描かれるが、そこでは聴聞する人びとがメモをとる様子はみられない。これは親鸞の場合のみではない。同じく鎌倉時代成立の『法然上人絵伝』巻三四でも、法然が配流された高砂の浦で布教する場面でも、話を聴く人びとはメモをとっていない。

現代の我々から考えれば、貴重な話や大切な事はメモをとるのが常識といえるのだが、中世びとはそうではない。これは文字を書かない世界の当たり前の光景なのであろう。現代は学問は目から入ってくるのに対し、中世では耳から入ってくる「耳学問」の時代であったのである。ここから考えるに、文字を持たざる社会では、おそらく記憶が重要な役割を果たしていたと思われる。

事実、鎌倉時代後期、肥前松浦党の白魚《しらい》弘高《ひろたか》は、「和漢」に「不通」＝文字を書けないとされ、また室町時代、管領《かんれい》家細川高国の近臣香西元盛は「文盲仁」＝文字の読み書きができない人とされている。彼らは在地領主・国人層であり、その彼らが文字を書けないというのであれば、民衆レベルに至っては推して知るべきであろう。

このように中世社会では文字を持たざる世界が大きく広がっていたとみてよかろう。網野善彦氏は平泉澄『中世に於ける社寺と社会との関係』（至文堂、一九二六）の研究を引用し、

> とくに中世後期になると、越前国江良《えら》浦のような海村で『在所』に『いろは』の字を知るものが少ないので、旅の僧を寺庵に置き、浦で養って字を教えさせている

と指摘する（『「日本」とは何か』00、講談社、二〇〇〇）。氏の指摘から中世後期に至るまで無文字社会が展開し、以後、文字を必要とする時代の到来により、徐々に文字が普及していったと理解できそうである。この無文字社会については、大隅和雄氏も「僧の姿をしていても、文字の読めないものは、珍しくなかった。中世のほとんどの人は、文字と無縁の暮らしをしていた」（『〈日本の中世2〉信心の世界、遁世者の心』）と指摘する。

網野氏の主張のように、文字の普及は大きく展開していたと考えられるが、みてきたように書けない者が存在していたことも確かである（平仮名は書けるが、漢字は書けない者も多かったことも想定される）。文字の普及、文字を有する世界は広がりつつ、一方では文字を持たざる世界もやはり存在していたであろう。文字を持たざる世界が存在しはじめて、文字が『聖なる世界』につながる大切な記号として」受けとめられたのではないだろうか。したがって中世においては、文字はやはり「聖なるモノ」と認識されていたと考えてもよかろう。

聖なるモノとしての文字

文字が聖なるモノである社会においては、文字で表した仏名も存在しても不思議でないのである。このようなことは、京都市六波羅蜜寺《ろくはらみつじ》所蔵「空也《くうや》上人像」（重要文化財）でもいえる。この像は運慶《うんけい》四男康勝作で、鎌倉時代の念仏を唱える空也の口から六体の阿弥陀如来が出現する姿を彫像されている。これは「南無阿弥陀仏」という言葉も仏体であると考えられていた証左である。

このように中世では言葉での仏名さえ、仏体と理解されていたのであり、文字に対してもこのような感性が成立していても不思議ではなかろう。文字を持ってしまった我々には取り戻せない感性である。

仏の体を感じる

中世の仏体は文字を含め、見た目は多様な形であった。その仏体は素材的には金属、木、絵、文字であるが、中世びとはどのようにその仏や神を感じたのか。

F『園太暦《えんたいりやく》』観応元年四月七日条

八幡恠《かい》異《い》連続事

去正月比《ころ》、極楽寺本尊阿弥陀薬師二体三体　悉《ことごとく》発二御汗（汗）一

G『太平記《たいへいき》』巻第五「大塔宮《おおとうのみや》熊野落事」

昨日ノ昼程ニ、年十四、五許《ばかり》ニ候シ童ノ、名ヲバ老松《おいまつ》トイヘリ名乗テ、「大塔宮明日十津河《とつかわ》ヲ御出有テ」（中略）ト触回リ候ツル間（中略）膚《はだ》ノ御守ヲ御覧ズルニ（中略）北野天神ノ御神体ヲ金銅ニテ（中略）老松ノ明神ノ御神体、遍身ヨリ汗カイテ、御足ニ土ノ付タルゾ不思議ナル

Fは極楽寺本尊が汗をかいた話で、Gは護良親王《もりよししんのう》の危機に触れ回り援助を求めた老松という童の話である。その話では親王の膚の守を開けてみると、なかの御神体「老松ノ明神」が汗をかいて、足には土がついており、御神体が動き出したことを暗示している。

同様に仏像や御神体は汗をかき活動し、中世びとの生活範囲内にいるのであった。神仏がこのように活躍・活動する話は多く見られる。たとえば、『粉河寺縁起《こかわでらえんぎ》』には次の話が

ある。病に伏せる長者の娘の許《もと》に、ある童が現れ祈禱《きとう》治病した。童は長者よりのお礼を固辞したが、娘は何とか紅の袴と提鞘《さげざや》（小刀）を童に渡した。そして童は自分は粉河にいると言い残し消え去った。そこで娘は粉河に赴き、粉河寺の観音をみると、その手に童に進献した紅の袴・提鞘とがあり、童が粉河観音の化身であったことを知るのであった。また『宇治拾遺物語《うじしゅういものがたり》』巻第一―一六「尼地蔵見奉る事」は「地蔵菩薩は、暁ごとに歩き給ふ」と、地蔵が歩いている。

このように仏はみずから出向き祈禱するアクティブな存在であった。仏像などは決して物体ではなく、人間的生命体と同様なモノと理解されていたのであった。親鸞の登場以後、来迎が否定的となっても、仏は往生の時だけでなく、このように生活の多様な場面で出現していたのであった。

神仏のぬくもり

H『平家物語』巻第五「文覚荒行《もんがく》」

みづら結うたる天童《てんどう》二人、滝のうへよりおりくだり、文覚が頂上より（中略）よにあたたかに、かうばしき御手をもッて、なでくだし給ふ

不動明王の使い矜羯羅《こんがら》・制吒迦童子《せいたかどうじ》が、熊野那智《なち》の滝に打たれる文覚に助力をし、文覚の体をなでた時、その手は温かく、芳香に満ちた手であったという場面である。つまり仏の体は体温があり暖かいということである。

さらに春日大明神が橘氏女に憑依《ひようい》するが、当時の人びとは神仏が乗り移る人間も身近にいたのである。憑依された女は異香を放ち、なめると、甘葛《あまずら》のような甘露な味であったとされる。これも神仏が抽象的な目にみえないものではなく、具体的な存在として示されている。この芳香や異香とは往生の時、迎えに来る仏の匂いであった。さらには味わったことのないすばらしい味さえするのであった（『春日権現験記絵』巻一七）。

仏は金色に光るとか、絵像のように金細工がなされたものではなく、実生活ではその身体は温もりを持ち、異香を放つ具体的な身体であった。

特別な身体

前述したが、十歳に満たない、背が高く猛々しく七歳で元服した緒方三郎《おがたさぶろう》維義《これよし》は、先祖大太が大蛇（日向国高知尾大明神）といわれていた（『平家物語』巻第八「緒環」）。また子どものない老夫婦が「仏神の御はからひ」で瓜から誕生した瓜姫は成長が速かった「瓜姫物語」（『御伽草子集』）。成長が常人とは異なるスピードである、月の住人かぐや姫も同様であった（『竹取物語』）。

これらは神仏の申し子や月の住人＝異界の人は成長が速いと、当時の人びとが理解していた事例で、つまり彼らは特別な身体の持ち主という存在であったのである。

これらは身体の成長に神仏が関わる事例であるが、これら以外にも身体と神仏が関係する事例は多くみられる。『義経記《ぎけいき》』巻第一「吉次《きちじ》が奥州物語の事」には、奥州の豪族安倍《あべの》貞任《さだとう》・宗任《むねとう》兄弟の身体について、貞任「九尺三寸」（約二・八メートル）、宗任「八尺五寸」（約二・六メートル）として「兄弟、丈《たけ》せい骨柄《こつがら》、人にも越え」るという。

ここでは二人の常識はずれた身体を「人にも越え」と表現している。「人にも越え」とは「人ではない」＝神仏を含む、人間を越えたものを意味している。つまり大豪族である彼らの力や能力を人ならぬ身体に求めた記述である。身体自体に神仏を含む世界があることを理解させる表現である。

また剛力《ごうりき》（強力）で知られる弁慶は、誕生時、すでに長髪、大きな奥歯・向歯《むかば》を持ち、二、三歳にみえたという。ここでは彼のことを「鬼神」と表現している。貞任と同様、弁慶の剛力は「鬼神」＝神仏の世界に属するものであることを物語るとともに、誕生時の異常出産から彼が異児＝神仏の申し子であることがわかる（『義経記』巻第三「弁慶生まるるの事」）。

力

ちなみにこの剛力は、弁慶などや神仏の申し子が有していたもので、つまり強力の根源は神仏にあるということである。『真名本曾我物語《まなそがものがたり》』（東洋文庫四六八、平凡社、一九八七）には「（伊豆）権現は我らに神力を与へ、我らはまた源氏を守りて、佐殿《すけどの》（源頼朝）を助け奉らむ」と、源頼朝が出陣して、北条政子が伊豆権現に戦勝を祈願する場面である。「神力」を与えて欲しいとは、戦勝のための力を与えて欲しいということであろうから、この場合の力とは個人の力ではなく、強大な戦力である。このように大きな戦力＝力は神から与えられたものであった。

　足利尊氏が六波羅攻めの決意時、丹波国篠村《しのむら》八幡宮（京都府亀岡市）で祈願すると、奇瑞が起こり、当初二万騎であった軍勢は五万騎にもふくれたという（『太平記』巻第九「高氏被㆑籠㆓願書於篠村八幡宮㆒」）。これは神への祈願により、強大な軍勢＝強力を得た事例である。これも頼朝と同じく、神意により剛力を得た形である。出陣時に神仏へ祈願する「武運長久」は、このことをいうのであった。

『園太暦』貞和五年（一三四九）四月二十三日条に「強力女人」による「破石」（石を破壊する）の「施芸」の記述がある。当時、力は神より付与されたもので、神のなせる技と考えられていたゆえ、中世びとはそこに神の力をみて神の存在を感じたのである。したがって現在でいう単なる見世物ではなかったのである。

　このように中世社会には神仏の身体を持った人びとが存在していたのである。このことによれば、身体と神仏の関わりは、決して特別な人物（高僧など）にみられることではなく、誰にでも誕生時点から関わっていると認識されていたことがわかる。

黒田日出男「『異香』と『ねぶる』」(『姿としぐさの中世史』平凡社、一九八六)における『春日権現験記絵』の分析によると、神仏の出現姿は、貴人・老翁・貴女・子どもであるという。つまり神仏は神仏の姿ではなく、人間と同じ形で現われるため、それは自分の周りに、身近にいるということになる。そもそも神仏は具体的、実態的なのであった。

人間社会に紛れ込む神仏

『東大寺縁起絵巻』にみる光明皇后の伝説に次のよく知られた話がある。大和国の国分尼寺法華寺の浴堂で施浴を催し、みずから一〇〇〇人の浴人の垢を落とすことを誓い、最後の一人が全身に血膿をもつ悪疾の患者であったが、背中を洗い、その身体の膿まで吸い出した。この時、たちまち浴場内に紫雲がたなびき、その患者は金色の仏となった。皇后が合掌礼拝するうちに雲にまぎれて消えたという。

つまり仏が人間になりすまし、潜在していた話であるが、当時の人びとにはこのように人間社会には、どこかに人間の姿をした仏が居ると考えていたのである。

一遍や法然など、高僧が没する時、その臨終を見ようと、多くの人びとが押し寄せる。これは絵巻などで示されているところである。それは彼らが人間ではなく、仏が仮に人間の姿をして現世にいると理解されていたため、彼らが没することは、死ぬことではなく、元の世界(極楽浄土)にかえる行為とされ、したがって彼らが没する現場にいれば、彼らが極楽にかえる時、一緒に往生できると考えられたのであった。仏との結縁である。

このように仏の化身《けしん》と理解されていた人びとも中世社会には存在していたのである。これらから中世社会においては、人間のなかに神仏の身体を持つ人物がいると理解されていたことがわかる。

さらに次のような事例もある。本願寺蓮如は、父が存如＝人間で、母が近江国石山寺《いしやまでら》の観音菩薩であったという（「拾塵記」）。つまり蓮如は人間と仏のハーフと理解されていたことになる。仏の化身が存在する社会なら、仏と人間のハーフが存在しても、何ら不思議ではなかろう。

神仏にあふれる中世社会

中世社会では神仏は多様な形で現れ、それは木像・絵像・文字など多様であった。さらには聖なるモノと融合した人、聖なる身体を持つ者が存在するのである。つまり神仏の身体を持つ人びとが多くいたのである。

この神仏は活動的であり、その身体は人間と同じ体温を持つ生きた存在であった。

このような多様化は人間社会のニーズに応じて、神仏自体が変わってきたといえるのであろう。現代人は医学的、生物学的にある程度、自身の身体を理解している。これに対し中世びとは身体の機能を理解しておらず、そこには現代人と異なる身体に対する独自な理解が成立していたと考えられる。つまり中世的な身体観がこのような多様な神仏を生み出すことを可能としたのである。

祖師に接する

祖師の顔

肖像画（御影・絵像）は本人に似ているのか

現在伝来する多くの絵像（肖像画）の人物の顔は、ほんとうに当該の本人に似ているのであろうか。これがもっとも気になることでなかろうか。次のAは、源頼朝が征夷大将軍に任じられる時に、その院宣《いんぜん》を持参した中原康定が、頼朝と対面した際の箇所である。そしてBは、平家方の越中次郎兵衛が、源義経に関し語った箇所である。

A『平家物語』巻第八「征夷将軍院宣」
御簾《みす》たかくあげさせ、兵衛佐《ひょうえのすけ》（源頼朝）殿出《いで》られたり、布衣《ほうい》に立烏帽子《たてえぼし》なり、顔大きに、せいひきかりけり、容貌優美にして、言語分明なり

B『平家物語』巻第一一「鶏合《とりあわせ》　壇浦合戦」

源九郎（源義経）にくん給へ、九郎は色白うせいちいさきが、むかばのことにさしいでて、しるかんなるぞ、ただし直垂《ひたたれ》と鎧を常に着かふれなれば

『平家物語』の成立には諸説あるが、いずれにしても鎌倉期のことを伝えている物語には間違いない。とすれば、この箇所は頼朝・義経の顔についての情報を伝える、最古のものに属すであろう。Aは頼朝（兵衛佐）を背の低い、顔の大きい男として表現している。ただし容貌は優美という。

絵画史の研究からは、すでに源頼朝像としては否定的な評価を受けている神護寺所蔵「源頼朝像」だが、この記述の頼朝のイメージとも、神護寺本はほど遠いものといえるであろう。またBの義経（九郎）については、色白で「むかばのことにさしいでて」と、前歯が出ていると表現している。義経像は少ないが、室町期の作である平泉中尊寺所蔵の絵像のイメージからも、この表現はほど遠い。

このように文献と伝来する肖像の関係から考えると、肖像画は本人と似ていないのではないかと思われる。鎌倉仏教の祖師たちの事例で興味深い事実がある。次にそれを確認してみよう。

日蓮のイメージ

日蓮の本弟子六人の一人、日興が元弘三年（一三三三）に作した「日興置書」（『鎌倉遺文』三一九六六）に次のような話がある。

C「日興置書」

一聖人御影像事

或云五人、或云在家、絵像《えぞう》・木像《もくぞう》ニ奉レ図シ事、在在所所不レ知二其数一、而面面各各不レ同也、爰《ここに》日興云、先影像ヲ図スル、所詮ハ後代ニハ知セシメンカ為也、付レ是付レ非、有ノマヽニ可レ移（写）也、依レ之日興・門徒・在家・出家輩、聖人ヲ見奉仁等、一同評議、其年月所レ奉レ図也、雖レ不レ異二全体一、大概麁《ほぼ》相二図之一、仍裏ニ書付ヲ成云云、但彼ノ面面ニ図スル像、一モ不レ相二似之一、中ニ去正和二年（一三一三）、日順図絵ノ本アリ、相似ノ分ナケレトモ、自余《じょ》ノ像ヨリモ、スコシ面影有リ

この事例で「在在所所不レ知二其数一、而面面各各不レ同也」というように、かなりの数の日蓮の絵像・木像が所々で作成され、またそれらが統一されていなかったことが示されている。日蓮没年は弘安五年（一二八二）で、この元弘三年までに約五〇年間あるが、この五〇年間には前記のような事態となっていたのである。

「聖人ヲ見奉仁等、一同評議」の表現から、像制作は日蓮の顔を知っている者が評議したが、彼らからみても「一モ不レ相二似之一」る像が多かったことがわかる。結果、「日順図絵ノ本アリ、相似ノ分ナケレトモ、自余ノ像ヨリモ、スコシ面影有リ」となり、これを基に制作された。

当初、日蓮像は非組織的、自由に行われて、そのイメージは不統一、多様であった。像制作は日蓮の顔を知っている者たちが評議し像容を決定していた。似ている像が少なく、すこし面影がある像を選び、それを基に制作されていたのであった。「後代ニハ知セシメンカ為」と、像制作の目的が日蓮という人物を後代に伝えるためであった。絵像がその人物のイメージ形成に大きな役割を有していたことがわかる。

蓮如寿像

真宗寺院のお堂には木像は少ないが、意外に絵像が多く蔵されている。開祖親鸞絵像、蓮如絵像、本願寺の歴代絵像、七高僧絵像、阿弥陀如来絵像などである。真宗がビジュアルで攻める宗教であるともいえる。さらに文字でかかれた仏名の名号もある。

D「山科御坊幷其時代事」（『真宗史料集成』第二巻）

蓮如上人の御時、御寿像ハ、蓮如卅三（文安四年〈一四四七〉）の御時、始《はじめて》寿像《じゆぞう》を書事とて、狩野《かのう》に被ㇾ書待し（中略）狩野にハ千疋被ㇾ下侍しと也（中略）近年比《ころ》まで若松（本泉寺蓮乗《ほんせんじれんじょう》）に候しか、不㆓似申㆒の由、各仰候し（中略）其後、蓮如上人六十歳（文明六年〈一四七四〉）計《ばかり》の御時、あまた人々被ㇾ申候間、あまたかゝせらるゝ中に、よく相似たるか候つるを、御主もこれハ似たるそ、と仰らるゝか一幅つれ（る）を、蓮悟にこれはとりて可ㇾ下、似たる程に、と仰候て、表袋《ホ》までさせられ、兵衛督蓮悟《ひょうえのかみれんご》に持て

可レ下と仰下候つる

E「蓮如上人御一期記」

又、四十余年ノ後、六歳ノ時ノ寿像ヲカキタリシ絵師カ所ヲタツネサセタマヒケルニ、其寿像モアマタ書タリシトミエテ、其絵アマタ残リタリシヲ、ソノ中ニヒトツ似タリトテ、其寿像ヲカ、セラル

Dは、蓮如が寿像をはじめて作成した話で、三十四歳時のモノは似ていなかったようで、さらに六十歳で多く作成した寿像の中からより似た絵像を取り出したとある。寿像とは絵像に描かれた本人が生存している時に作成された肖像画をいうが、蓮如は四十歳余で、六歳の時の寿像を描いた絵師を訪ねた。そこでは寿像が多く残っており、そのうち一つ似ているものがあり、それを描かせた（写させた）と、Eでは記している。

これらの記事からは寿像といいながら、実はあまり似たモノはなかったように受け取れるのである。

死に顔から絵像を

似ているか否かは主観的な側面もありあてにならないが、この課題を解くには、絵像（肖像画）作成過程を明らかにすればよい。「実《じつ》如《によ》上人闍維《じゃい》中陰録《ちゅういんろく》」（『真宗史料集成』第二巻）にみえる「一、御影ヲ写セラル、土呂《とろ》（本宗寺実円《じつえん》）殿御望也、トクラ（土蔵）写申候」の一文は、この課題を解くカギとなる。こ

れは大永五年（一五二五）二月二日に没した本願寺第九代実如の御影（絵像）を、三河国土呂本宗寺実円が所望したので、トクラ（土蔵）という絵師に「御影ヲ写」＝御影を描かせたという記事である。これは遺体の実如の死に顔を描かせたという意であろう。

また実如の息子大和国吉野飯貝《いいがい》（奈良県吉野町）本善寺実孝《じつこう》は天文二十二年（一五五三）正月二十六日に大坂本願寺で没し、翌日本願寺第十代証如《しょうにょ》は「御影ヲウツサセ」た。絵師は「少輔《しょうゆう》」であった。しかし実孝の息子証祐《しょうゆう》が疱瘡を煩い葬送は延引となった。そのため実孝の遺体は防腐措置をされ、二十八日に吉野へ送られた。

本復《ほんぷく》した証祐は閏正月十七日大坂から吉野へ下向。そして十九日に実孝の葬送を執行した（『私心記《ししんき》』）。そして二月朔日に「実孝御影」が大坂より証祐の許に送られてきた。その「御影」の裏書《うらがき》（「御影」の表具裏面に添付あるいは直書きされた本願寺からの証明書）には、天文二十二閏正月二十九日付で「証如（花押）」「実孝真影」「願主証祐」と記されていた。この「御影」は正月二十七日に「ウツサセ」た「御影」に間違いない。現在この「御影」は本善寺に所蔵されている（図9）。絵像作成プロセスが判明する貴重な御影である。

このように人物の絵像は死後の姿から、生前の姿を描いていたとみて間違いないであろう。江戸時代ではあるが、享保十年（一七二五）七月八日に没した本願寺第十四代寂如《じゃくにょ》絵

図９　本善寺実孝絵像（天文二十二年〈1553〉，右）と同　証如裏書（左）（ともに奈良県吉野町・本善寺蔵）

像についても、寂如没の二日後の八日に、本願寺は「御真影奉レ写」として、その担当者を絵師土蔵《どくら》但馬・番場新兵衛に仰せ付けている（「寂如様御遷化之記」京都市本願寺史料研究所保管）。やはり死後、遺体を基に絵像を作成している。

また弘化三年（一八四六）八月八日に没した本願寺第二十代広如《こうにょ》の妻鷹司祥子（光耀院如順）絵像は没した翌日、本願寺はお抱え絵師吉村了斉に祥子の「御影・御面像奉レ写候様被レ仰二付之一」（「御簾中《ごれんちゅう》様薨去《こうきょ》一件諸事伺帳《うかがいちょう》」京都市本願寺史料研究所保管）ている。女性の場合も、没した翌日に彼女の絵像作成が命じられており、死に顔をベースとしている。

この伺帳には「浄光院様御例を以奉レ伺」とも記されおり、浄光院を前例にしているという。浄光院とは、本願寺第十九代本如《ほんにょ》の妻昌君如鏡（二条治孝娘）で、前代の門主の妻である。つまり前代から死に顔を描いているということである。

絵像とはこのように中世・近世を通じて死直後の顔をベースに作成されてきたものと考えられる。このように作成された絵像であるからこそ、想像の本人ではなく、本人の「御影」であったのである。

祖師の顔「鏡御影」

次に祖師の絵像を考察してみよう。現在の私たちが、「親鸞」の顔を想定する場合、すぐに思い出すのは「鏡御影《かがみのごえい》」（国宝）の顔と思われる。これは歴史の教科書などに掲載されている点が強く影響している。だからといって中世でも、「鏡御影」が親鸞のイメージであったかどうかは疑問である。

「鏡御影」は紙本墨画、鎌倉期似絵《にせえ》の優秀作で、面貌が細密丁寧に描かれる一方、着衣が粗放な描線でデッサン風で、親鸞がやや右斜め向きの立像で描かれている。像の上下に一枚ずつ紙を貼り足し、上の方は左右二区分に分かち、黄地と白地の色紙型を作り、そこに「和朝親鸞聖人真影」を題し、『正信偈《しょうしんげ》』からの四句が賛名《さんめい》として墨書されている。賛名は親鸞曾孫の本願寺第三代覚如の筆という（「親鸞・本願寺略系図」参照）。またこの掛軸の巻留にはFの覚如筆識語《しきご》があり、そこから同御影が延慶三年（一三一〇）に修復されたことがわかり、さらに同御影の作者が、似絵画家として高名な藤原信実《ふじわらののぶざね》の子で「袴殿」と号した、専阿弥陀仏であることが知られる。

F「巻留覚如自筆識語」

専阿弥陀仏信実朝臣息也号二袴殿一奉レ拝二聖人御存生之尊像一、泣奉レ図二画之一、末代無双重宝仰可レ帰二敬之一
毛端不レ奉レ違云々、所レ得二其証一也

旧来は鏡御影は寿像とも考えられた時期もあったが、現在は寿像ではないとの説が有力と思われる。この経緯は平松令三「総説　親鸞聖人絵像」（『真宗重宝聚英』第四巻、同朋舎、一九八八）の説明がわかりやすい。

「鏡御影」は寿像かをめぐって

手塚唯聴「聖人を眼前に見て描いた写生画」（「親鸞聖人の畫像」『京都女子大学紀要』一一・一四号、一九五五・一九五七）、日下無倫・宮崎圓遵両氏も寿像説である（「親鸞聖人鏡御影」『親鸞遺芳』同朋舎、一九八四、初出一九七六）。宮崎氏は「専阿が聖人の存生中に描いた肖像画である」とし、その根拠となる識語を「聖人存生の姿を毛端相違するところなく、涙ながらにこれを写した」と理解している。

梅原真隆「聖人の御遷化の後に聖人御存生の折に拝したる尊容を思い浮かべて涙ながらに追慕のこころから図画した」（「鏡御影」『親鸞聖人の面影』専長寺文書伝導部道発行所、一九五二）と、非寿像説である。特に中沢見恵は「専阿が、聖人御存生中に描かれた絵像を拝し奉って、なつかしさのあまり泣いてその絵像を写し奉った」と、明確に、没後の模写とした（「『鏡御影』私見」『真宗研究』第三一輯、一九八七）。

当初、寿像と考えられたのは、巻留の「聖人御存生之尊像」を「図画」したという表現が、親鸞生存中に描かれたと理解されたためであろう。ただ寿像説への根本的疑問は、

「聖人御存生」を描いたというが、眼前でみた人間を「像」という表現をするかである。「尊体」ならまだわかるが、「像」という表現は、たとえば仏像、画像のように物体に対するものでなかろうか。

したがってこの点で識語を考えると、親鸞存生中の絵像（ないし木像）＝寿像をみて、それを写し描いたと解釈するのが自然である。つまり現在の鏡御影はその原本である親鸞寿像があり、その寿像を写した模写本と考えられる。したがって中沢見恵の指摘が正しいが、そのモデルの寿像とは何であろうか。これは先の蓮如の中世の絵像作成プロセスがヒントになる。

つまり親鸞寿像は絵師の手元に複数（必ずしも軸装された完成品ではなく、下絵やデッサンのようなもの）あって、その内選ばれた一点――それが「聖人御存生之尊像」――を専阿が写したものと思われる。この点からいえば、親鸞寿像の写しであるから、「存生」中の親鸞の顔の特徴をつかんでいる可能性は十分ある。

「鏡御影」はいつ鏡御影となったか

それでは「鏡《かがみの》御影《ごえい》」は中世ではどの程度知られていたのであろうか。赤松俊秀氏は「明治以前では、この像（「鏡御影」筆者註）に注意する者は殆どなかった」（「親鸞像について」『鎌倉仏教の研究』平楽寺書店、一九五七）と指摘している。また宮崎圓遵氏は、応長元年（一三一一）、覚如が同御影を越前に携えて行った点や、蓮如が空善などにみせた点、慶長十一年（一六〇六）に、巻留の識語が不鮮明になったため、西本願寺十二代准如が別紙に書写した点などを指摘し、「本山出入の親近の限られた人々に、拝観せしめた程度」（「親鸞聖人鏡御影」）と結論づけている。

両氏の指摘から、中世では「鏡御影」は必ずしも現在ほど知られていなかったと考えてよかろう。ちなみに宮崎氏は蓮如が「鏡御影」を空善などにみせたと指摘するが、「恐らく今の鏡御影のことであろう」と、これもあくまで推定で述べている程度である。この点は重要である。なぜならもし蓮如のみせたものが「鏡御影」でなければ、「鏡御影」が近世初期まで教団内で知られていなかったことになり、中世の親鸞のイメージが「鏡御影」を基にしていないことになるからである。

「鏡御影」に鏡の話はない

「鏡御影」は鏡の映したように似ているから「鏡御影」と、よく説明されるが、この御影の巻留識語には「毛端」まで違わないとはしているものの、鏡の話は一文字もない。また「鏡御影」と通称されるものの、西本願寺准如《じゅんにょ》が慶長十六年六月二十六日に名号・絵像など法物確認した「改《あらため》」には、「立《りゅう》像《ぞう》御影　一ふく（幅）」と表現されており、「鏡御影」とはみられない（「准如「海」箱法宝物改」西本願寺所蔵）。これがおそらく「鏡御影」であろう。

この「立像御影」が「鏡御影」でよいかだが、西本願寺では貞享三年（一六八六）二月二十三日から二十六日まで、同寺第十三代良如二五回忌の記念事業として法物展示を行った。その列品を奉行人富島氏が写した「御法物拝見目録」（西本願寺所蔵）には「鏡之御影」があり、その解説には「此《この》御影者《は》、聖人立像之御絵像也」としている。「鏡御影」を「聖人立像」と表現している。この点からみて、先の准如の「立像」はやはり「鏡御影」であろう。またこの段階で「鏡御影」という名称が成立していることがわかる。

さらに宝暦十年（一七六〇）四月十日、本願寺奉行人富島武雅が記録した「御代々御相伝ノ御宝物書上《かきあげ》」（西本願寺所蔵）の「鏡之御影」項には、先の巻留識語の表現が写され、その中に「則《すなわち》聖人鏡御覧被ㇾ合、毛端無二相違一トノ玉ヒシ」と、今までにない「鏡」の付会がみられ、この段階までに無関係な鏡の話が加えられたことがわかる。

覚如の判断

さて「鏡御影」に賛名を書した覚如は同御影を認知していたわけだが、彼はこの画像をみた時、なぜ親鸞と判断できたのか。覚如は親鸞の曾孫で、文永七年（一二七〇）生まれ、弘長二年（一二六二）没の親鸞に一度も会ったことはない。「鏡御影」の作成年代は不明だが、覚如誕生以前から制作されていることは間違いない。

現在の我々が同御影を親鸞と判断できる根拠は、親鸞に一度も会ったことのない覚如が書した賛名の「和朝親鸞聖人真影」や、同じく彼の巻留識語のみである。また同御影を取り巻く由緒・伝承などは、現在にまで伝わってもいない。つまりすべて覚如の判断に拠っている。

しかし覚如が同御影を初見した時、親鸞と判断できた根拠があったはずである。でなければ、親鸞に会ったことがない彼が、同御影を親鸞と判断できるはずがない。おそらく覚如は親鸞と判断できる由来などを聞いていたのであろう。それが何かは今ではわからない。確実なことは「鏡御影」は覚如が判断した親鸞であったとはいえるであろう。

祖師の顔「安城御影」

もう一種の親鸞絵像の「安城御影《あんじょうのごえい》」（図10正本）は、三河国碧海《へきかい》郡安城の照空《しょうくう》相伝で、後に本願寺に入ったものである。画像の構図は、親鸞が黒衣・墨袈裟《すみげさ》を着し、高麗縁《こうらいべり》上げ畳に敷皮をしいて斜め右向きに座し、前に火桶・草履《ぞうり》・杖が置かれているものである。図の上方には二段の色紙型、下方にも色紙型を作り、そこには『願生偈《がんしょうげ》』『大無量寿経』『正信偈《しょうしんげ》』の諸句が墨書され、下方色紙型末尾に「愚禿《ぐとく》親鸞八十三歳」と署名がある。これらの筆跡は親鸞の真筆という。

存覚はどこに興味を持ったか

覚如の長男存覚が同御影をみたいと照空に所望し、それが文和四年（一三五五）に叶った。彼はみた経緯などを『存覚上人袖日記《そでにっき》』（龍谷大学仏教文化研究所編『存覚上人一期記・存覚上人袖日記』同朋舎、一九八二）という自身の記録に留めた。存覚は同御影をみて上下賛銘を記し、その上下賛銘の

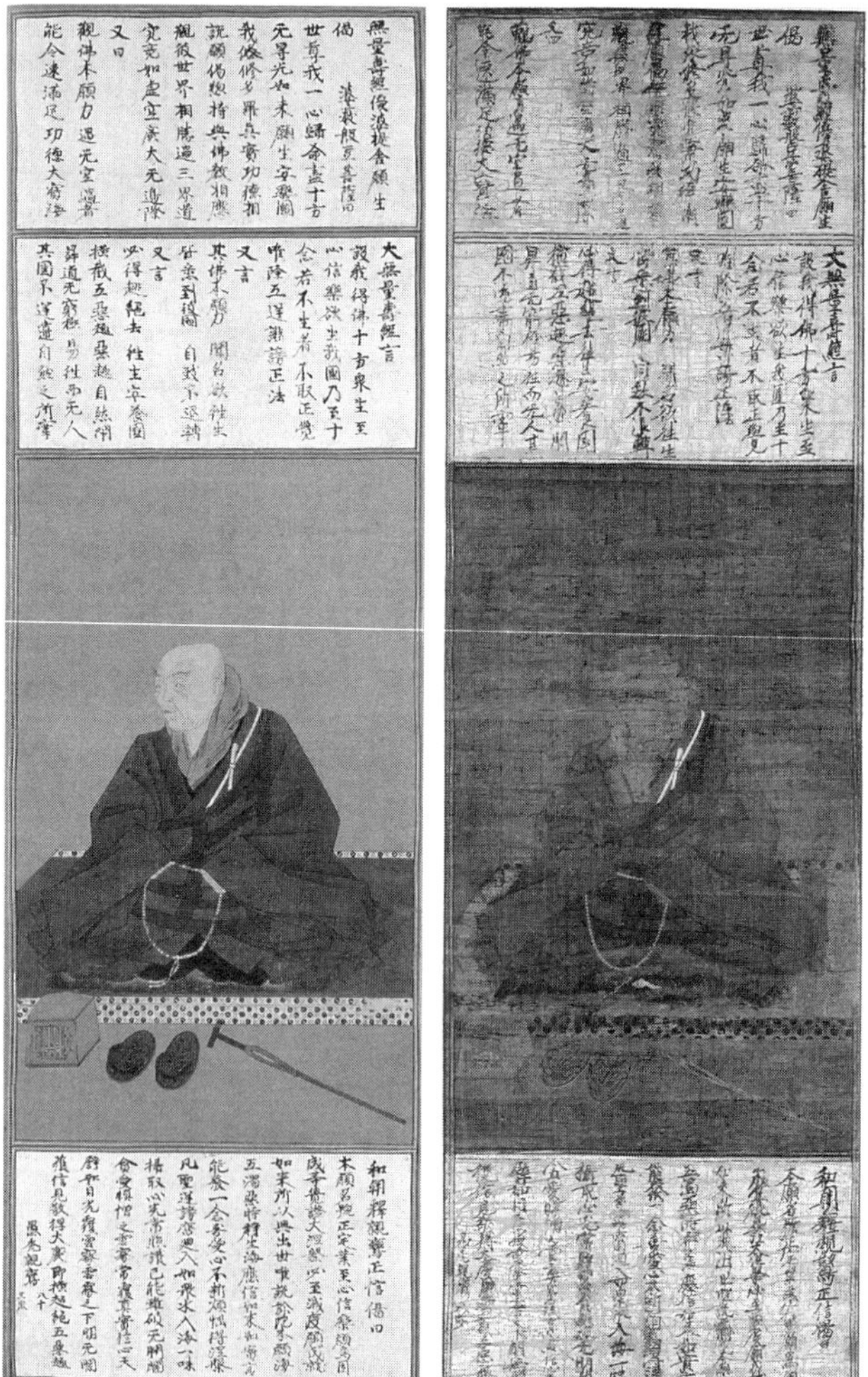

図10　安城御影（親鸞絵像）正本（建長七年〈1255〉，右）と同　副本（文明十一年〈1479〉）（ともに京都市・西本願寺蔵）

間に、Gのように絵の部分を記録した。

G『存覚上人袖日記』

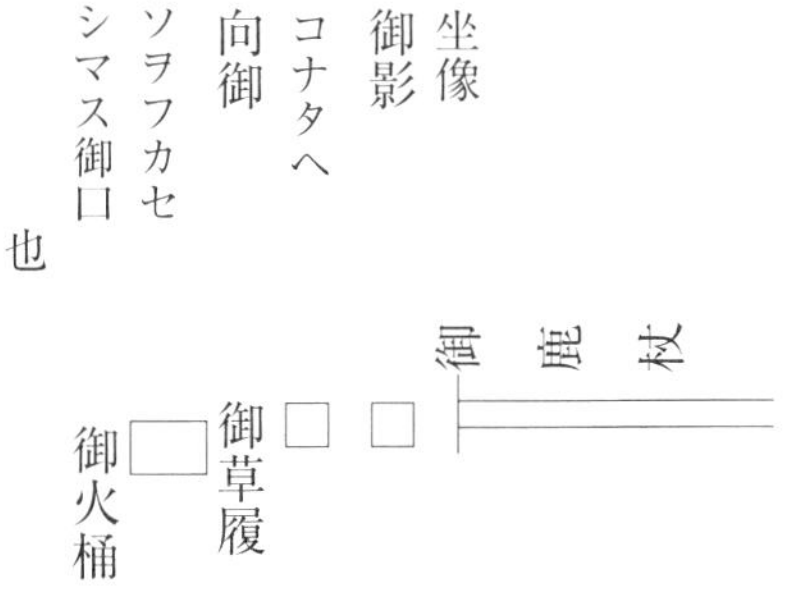

彼は親鸞「坐像」であることや、「鹿杖《かせづえ》」「草履」などの位置――画像構図のみ――を記録し、大切な親鸞の顔の特徴は、「ウソヲフカセマシマス御口」（口をつぼめて、息を強く吹く形を表わす）以外、何ら留めなかった。彼はこの他、絵像作成年の建長七年（一二五五）や絵師「親鸞法師真影」などを記した「御表書」を写し、さらにHのように同御影の

特徴を記す。

H「存覚上人袖日記」

一御帽子被レ巻二御頸一御小袖頸ハ不レ見

（中略）

一□□念珠ヲ両手ニ被レ持（下略）

一火桶ハ桑也（下略）

一御座ハ大文御敷皮ヲ被レ用狸《タヌキ》皮　一草履ハ猫ノ皮

一御鹿杖ハ桑ノ木ノマタフリ也、上ヨリマタフリノ所マテ、猫皮ヲ被レ巻

一見してわかるように、彼は絵の各部分の解説を詳しく描写している。たとえば、親鸞絵像の特徴の一つである「帽子《もうす》」（襟巻のようなもの）を巻いている点、敷物が狸皮、草履が猫皮、杖に猫皮が巻いてある点などである。同画からだけでは、敷物が狸皮であることことは判明しない点からみて、彼は照空に由来などを聞いたものと思われる。

存覚は親鸞に会ったことはない。とすると彼は同絵像をどの根拠で親鸞と判断したのか。少なくともこの御影の情報から、親鸞と判断できる根拠は、賛名の「和朝釈親鸞」「愚禿《ぐとく》親鸞」や表書の「親鸞法師」の記載事項か、照空から聞いたと思われる由来である。ここには「此御影御テツカラ被レ御二覧御鏡一、ヨク似タリト被レ仰、御シラカノ数マテモ不レ違奉

レ写云々」と、一種の伝承も記され由来などを聞いた可能性は十分に考えられる。

彼が同御影を親鸞と確信した根拠は、上記の銘や聞かされた由来もあったろうが、所持品の記録に比重をかけている点から、おそらく決定的根拠は所持品ではなかったかと考える。

関東からのイメージ

『存覚上人袖日記』には同御影の相伝経緯が、「上人（親鸞）―専海（専信）―性信《専海子》―唯覚《□子》―照空」と記されている。専海は下野《しもつけ》国高田真仏《しんぶつ》の門弟である。真仏は親鸞の有力門弟で、高田派専修寺の祖である。つまり専海は関東の高田門流の一人である。彼は遠江国池田の在住（真仏筆「教行信証奥書」平松令三責任編集『高田本山の法義と歴史』同朋舎、一九九二）であったが、親鸞の許へしばしば上京したという。同御影の作成経緯は明確ではないが、おそらく専海が親鸞のもとに行き所望したのであろう。したがって同御影には、当然、専海のイメージが反映しているとみて間違いない。またその子性信が相伝しているところより「安城御影」は――この段階では三河国安城で安置されていたが――、関東系門弟のイメージの絵像といってよかろう。

「安城御影」は先の「鏡御影」と異なり、その存在は中世から知られていた。たとえば、蓮如は同御影の模写本（図10副本）を作成しており、またその子本願寺実如は、同御影の本願寺寄進を所望した結果、同御影が現在西本願寺に伝来することになった。また蓮如の孫加賀国光教寺顕誓《けんせい》は、永禄十一年（一五六八）成立の記録「反故裏書」（宮崎清『真宗反故裏書之研究』永田文昌堂、一九八七）で「去年拝見シ奉リ、ウカ、ヒ申侍シカハ」と、「安城御影」をみたとしている。

さらに「安城御影」と称されるものが所々に存在し、近世の写しが多いものの、なかには南北朝・室町期のものもある（宮崎圓遵「安城御影とその意義」『親鸞の研究』下、宮崎圓遵著作集第二巻、思文閣、一九八六）との報告もなされている。この系統の御影として著名なものは、奈良国立博物館所蔵「熊皮御影」（南北朝期作）がある。同御影は首に白い帽子を巻き墨袈裟を着け、熊皮と伝える敷皮をしいた上げ畳に、斜め右向きに座し、その前に二股の杖が置いてある、という構図である。

これらから考えて「安城御影」は「鏡御影」に比し、当時からかなり知られていた親鸞絵像といえよう。つまり親鸞のイメージは中世では現在と異なり、「安城御影」のイメージの方が強かったと考えられる。

親鸞のイメージが拡大する

本願寺教団が大きく展開したのは、中世後期、蓮如の時期であった。蓮如は末寺などに絵像を授与し組織化を図ったことは有名で、彼の授与した親鸞絵像は、現在でも各真宗寺院に現存する。その像の多くは首に帽子《もうす》を巻き、黒衣・墨袈裟《すみげさ》を着し、礼盤上に座す斜め右向きの構成である。この親鸞の像容はほぼ統一されている。この像容・顔を「親鸞」と、誰がいつ決定したかは不詳だが、少なくとも蓮如による同絵像の全国的授与が、親鸞イメージの全国的統一の契機となったことは間違いない。

個人的意見だが、「鏡御影」の構図や顔などの像容をみると、蓮如授与の親鸞絵像とは異なっていると思う。先述したように、近世初期まで教団内で知られていないと考えれば、蓮如授与の絵像は「鏡御影」がモデルではなかったことも理解できよう。

どちらかといえば、彼の授与した絵像構図や顔などの像容は「安城御影」をモデルとしていると思われる。ただし、まったく同一ではない。蓮如は草履・杖・敷皮などを取り去り、顔の雰囲気も多少変えたものとした。この像容が蓮如の親鸞イメージであったのであろう。

中世における親鸞のイメージ

「安城御影」に描かれる、親鸞の所持品、つまり猫皮を巻き付けた杖、猫皮の草履、狸皮の敷物など、これらはすべて諸国遍歴の民を表す道具である。つまり「聖《ひじり》」である。この御影が作成された建長七年は、親鸞がすでに関東遍歴を終え京都に在住している時期に当たっている。

遍歴していないにもかかわらず、このような遍歴民として描かれるのは、門弟たちのイメージがこうだったからに他ならない。この御影を所持していたのは関東門弟であったが、遍歴の民こそ、彼らの祖師であったのである。

遍歴する祖師はマレビト（異人・客人）である。マレビトとは定着民からみた遍歴民（海民・山民・芸能民・商工業者・宗教者など）のことで、定着民の世界の外から来訪する、聖なる者、神の姿であるという。当時、定着民の世界では遍歴民を歓待する風習（マレビト歓待）があった（高取正男「マレビト論再考」『日本的思考の原型』平凡社ライブラリー、平凡社、一九九五、網野善彦「遍歴と定住の諸相」同ほか編『日本民俗文化大系　漂白と定住』第六巻、小学館、一九八四）。流罪に処され、関東を遍歴した親鸞もこの風習により、受け入れられ、信仰を広げ門弟を獲得していったと考えられるのである。このようなマレビトへの信仰も民衆世界には存在し、中世の信仰を支えていたのであった。

文字の歴代像

絵像の多い真宗寺院には絵像ではないが、人物の名前を文字として書き、それを人物絵像のようにするものがある。本願寺の歴代の事例を数例あげると、次の通りである（信仰の造形的表現研究会編『真宗重宝聚英』第九巻、同朋舎、一九八八）。

1　金沢市　専光寺「列祖連座銘《れつそれんざめい》」
明応五年（一四九六）六月二十八日「蓮如裏書」あり。
「親鸞聖人」～「蓮如」（本願寺第八代）までの八名の歴代銘を並べて墨書する。

2　金沢市　広済寺「列祖連座銘」　実如自筆（図11）

3
「親鸞聖人」〜「実如」（蓮如子）までの九名の歴代銘を墨書。親鸞は上げ畳・二狭間《ふたさま》の台座上に墨書、「如信《にょしん》」（親鸞孫）以下は上げ畳の上に並べ墨書される。
赤穂市　万福寺「本願寺代々次第」　顕如《けんにょ》自筆・教如《きょうにょ》自筆
天正三年（一五七五）三月十九日「顕如裏書」あり。
「如信上人」〜「教如」（顕如子・東本願寺創設者）まで一一名を墨書。最後の墨書部分は「顕如上人　教如」と墨書されているが、「顕如」までが顕如の自筆、「上人教如」までが教如の自筆である。教如が「顕如」の後に追筆したもの。「親鸞聖人」の銘は墨書されていない。また最下部に墨書される「蓮如上人」の下には蓮台が描かれる。蓮台は当初のものではなく、後年に描かれたか。

4
東京都新宿区　林光寺「本願寺代々次第」　准如自筆・文如《もんにょ》自筆
慶長七年九月十四日「准如裏書」あり。
「親鸞聖人」〜「文如」（西本願寺第十

図11　列祖連座銘（金沢市・広済寺蔵）

八代）まで一八名を墨書。当初裏書のように、「准如」が制作した。親鸞から准如までは准如自筆。後年「良如《りようによ》上人」〜「文如」までを文如が別紙を貼り、その上に追筆した。

2は「親鸞聖人」〜「実如」までの歴代銘を墨書されている。親鸞は上げ畳・二狭間の台座上に墨書、如信以下は上げ畳の上に並べて墨書されている。したがってこれは人名を墨書したものだが、この文字は人間そのものを意図して書いたものである。これは名号《みようごう》と同じで、無文字社会における特有の現象であろう。

歴代銘を文字で墨書して絵像のようにする珍しい形である。文字で書いた人名を絵像のようにするのは、それが当該人物を同じにみえているということである。これは名号が仏像にみえるのと同じであり、当時の文字に対する観念が大きく作用しているだろう。またこのような文字像は江戸時代にも引き継がれている。親鸞や蓮如の銘を二狭間の上に墨書しており、これを「祖師御名」「蓮師御名」などといい、「御名」と称していた。もちろんこの時代となれば、文字観は中世と異なり、文字は文字としてみえていたと思われる。

祖師の面影

寿像とはいえ、本人が似ていないと感ずること、また直接面授している弟子からみても、多くの御影は似ているものがないと認識された事実がある。もしそうなら、現在、私たちが絵像でみる祖師たちの顔は本人そのままとするには躊躇せざるをえないであろう。しかし絵像作成プロセスが死後直後の顔を描くと確認されたことで、寿像とはいわないが、その御影はやはり本人に近い像容であったことが判明したのである。

本来、面影を伝える御影であったが、時を経て教えを受けた人びとが教団化するプロセスにおいて、絵像は信仰の対象となり、面影が重要ではなく、祖師御影を安置することが、寺院や門徒らに重要なものになっていったのである。

文字の歴代像も名号と同じく、当時の文字観に支えられ成立したものであろうが、それは歴代本人であったのである。この抽象的な歴代像は具体的な形が重要ではなく、歴代の御影という機能をはたせばよかったのである。

祖師と「顔」を合わせること

中世は情報伝達の歴史的性格に規定され、当該人物の顔を認知するには限定された社会である。少し離れた距離にある人物の顔を知らないことも普通にあった。したがってこのような状況においては、顔を会わすという行為は大変貴重な、重要なことであったのである。

主従関係を約し御家人となるために、源頼朝に面謁する（初面謁を初参《ういざん》という）儀式（見参《げんざん》の式）があることはよく知られている（牧健二「主従契約」『日本封建制度成立史』弘文堂、一九三五）。貴族社会においても、家人が主人に名簿捧呈《みようぶほうてい》して、面謁（初参）する儀式がある

（中田薫「『コムメンダチオ』と名簿捧呈の式」『法制史論集』第三巻下、岩波書店、一九四三）。問題は、元服にしても主従関係を結ぶにしても、主人に対し「面謁」をして行う点である。この両儀式は、あえて顔を会わせることに何らかの重要な意味があったに違いない。おそらく顔を会わせることは、支配・被支配の関係を意識・確認させる上で大きな役割を担っていたと思われる。

師が弟子に直接面接し教えを授ける、僧侶の世界の「面授口決《めんじゆくけつ》」の儀式も、この類例である。これも前記の主従関係と同じで、直接面謁することが重要な意味を有している。たとえば、親鸞の曾孫覚如は、その著『改邪妙《がいじやしよう》』（龍谷大学仏教文化研究所編『口伝妙・改邪妙』同朋舎、一九九二）で「祖師聖人御在世ノムカシ、ネンコロニ一流ヲ面授口決シタテマツル御門弟」と、親鸞に「面授」した「門弟」を特別に扱っている。また親鸞門弟を多数記載した「親鸞聖人門侶交名牒《きようみようちよう》」（本願寺史料研究所編『本願寺教団史料』関東編、浄土真宗本願寺派、一九八八）は、親鸞に直参した門弟を「上人面授」と特記し、他の門弟と明確に区別している。これは祖師面授の門弟が、他の門弟とは比にならないほど重要な意味を持っていたことを表している。

このように面授には特別な意味があり、寺院・僧侶の立場からいえば、御影（絵像）を得ることは、門徒に祖師と面授する状況を創出し、御影により門徒に対する求心力をも保つことができるのであった。これが祖師御影を安置する大きな機能であったのである。門徒にとっては、祖師と面授できるという機能があったこともいうまでもない。

祖師の木像と遺骨

民衆仏教といわれる宗派は、全体的に祖師に対する信仰も特徴的である。したがって各派には祖師堂や御影堂と称して、その中に祖師の木像や絵像が安置されていることが多い。前記したように、祖師の絵像の安置は祖師との面授の役割と説明したが、親鸞が開いた真宗には各派とも本山クラスには御影堂が設けられ、御真影《ごしんねい》と呼ばれる親鸞木像（以下、親鸞木像および木像と呼ぶ）が安置されている。

祖師親鸞の遺骨を持つ寺々

この木像が現在でも親鸞の遺骨が納められているとか、塗り込められているという伝承を持っているのである。このように遺骨と木像はリンクして語られることは意外に多い。親鸞遺骨を有する寺を宝永八年（一七一一）刊『遺徳法輪集』（細川行信編『真宗史料集成』第八巻、同朋舎、一九七六）より、真偽は別としてあげると、越前国大味浦法雲寺、越後国高田〔常陸《ひたち》〕浄興寺、越後国笠原〔常陸〕本誓寺、越後国高田〔下総《しもうさ》〕常敬寺、甲斐国栗原村万福寺（戦国時代に入手）、三河国上宮寺、三河国本証寺、三河国桑子村明（妙）眼寺、三河国高取村専修坊、尾張国大野村光明寺、武蔵国浅草〔常陸〕報恩寺、下野国高田専修寺と記されている（〔　〕内は本来の在所）。常陸国が多いのは、親鸞が配流され関東を旅した時に深く関わった地域であるからである。そこには親鸞直弟がおり、親鸞ゆかりの寺院が所在して、遺骨の伝来も至極自然ではある。またこれ以外にも遺骨を持つ寺院の話はよく聞く。

では親鸞の遺骨を持つことは何の意味があるのか。遺骨とは何か。そもそも木像に遺骨の伝承とはどういう意味があり、何の機能しているのか。次に木像と遺骨から祖師への信仰の一齣をみてみる。

親鸞伝絵

まず親鸞木像がどの史料でいつから確認できるかを考察してみよう。現在でも西本願寺御影堂に安置される親鸞木像が、ビジュアルで確認できる早い事例は、親鸞伝絵《でんね》と呼ばれる絵巻からである。この絵巻は永仁三年（一二九五）十月、親鸞曾孫覚如が親鸞の生涯をテーマに制作したものであった。しかし建武三年（一三三六）、本願寺が南北朝の動乱に巻き込まれ炎上した際、最初に制作された初稿原本は焼失した。

初稿原本が作成された二ヵ月後、題名など一部に若干の修正を加え制作した絵巻が関東教団に送られていた。それが専修寺《せんじゅじ》所蔵高田本『善信《ぜんしん》聖人親鸞伝絵』である。また初稿原本にわずかばかり修正を加えたほか、新しい一段を増補した西本願寺所蔵琳阿《りんあ》本『善信聖人絵』も制作されている。両本とも国の重要文化財に指定されている。高田本と琳阿本のどちらの絵が古態かの論議はあるが、両者はそう離れていない時期である。木像の絵が確認できるのは高田本である（平松令三『親鸞聖人絵伝』本願寺出版社、一九九七）。

高田本の詞書《ことばがき》には、文永九年（一二七二）冬「影像」を安置し「廟堂」と表現している。が、影像を安置しているなら、廟ではなく「影堂」と表現すべきであろう。文永九年より後年の弘安六年（一二八三）十一月二十四日「覚信尼譲状（最後状）」（『本願寺教団史料集』関東編）にも、依然「御はかところ」「御廟」であり、「影堂」ではない。

さらに後年の永仁四年（一二九六）七月十七日「大谷南地沽券案」（『本願寺教団史料集』関東編）に、はじめて「善信上人御影堂《ごえいどう》」とみられるのが、古文書上の「影堂」の初見である。したがって影堂となった＝木像を安置したのは、弘安六年から永仁四年の間と考えるのが自然である。文永九年の段階では、まだ影像は安置されていなかったのではなかろうか。それゆえ廟という表現としたのではないか。

おそらく伝絵成立段階の永仁三年には影像はもう安置されていたのであろう。覚如はすでに過去となった、親鸞遺骨移動の文永九年の内容に、伝絵制作当時（永仁三年）に安置されていた木像の話を入れ込んだのではなかろうか。「御影堂」の初見が永仁四年、つまりその一年後であるのはつじつまが合っている。したがって御影堂＝木像安置は伝絵制作時頃ではないだろうか。

伝絵の親鸞墓所・廟堂の描き方とその表現

①琳阿本の詞書は「遺骨を掘渡《ほりわたし》て、堂閣を立、影像を安《あん》す」「廟堂」として、それに対応する絵は、堂内に「影像」はなく、地面上に石塔のみがある廟堂場面である（図12）。そして詞書の「影像」がない。

②高田本の詞書は「遺骨を掘渡て、堂閣を立、影像を安す」「廟堂」と①の琳阿本と同じだが、廟堂の描写は堂内には床を張り、その上に石塔・親鸞木像を置く様子となっている（『真宗重宝聚英』第五巻、同朋舎、一九八九）。描写は影堂だが、詞書は「廟堂」のままである。また高田本には絵の部分に注記があるのが特徴である。問題の廟堂場面の注記は「聖人遺骨をおさめたてまつる、いまの廟堂是也」とある。

前記したように①と②の詞書は両者一致している。①のように「影像」安置としながら、絵には影像は描かれない。②は詞書の「影像」安置と堂内の描写は一致するが、詞書や絵の注記が影堂ではなく、「廟堂」と表現し矛盾する。また①②の詞書とも遺骨を掘渡して

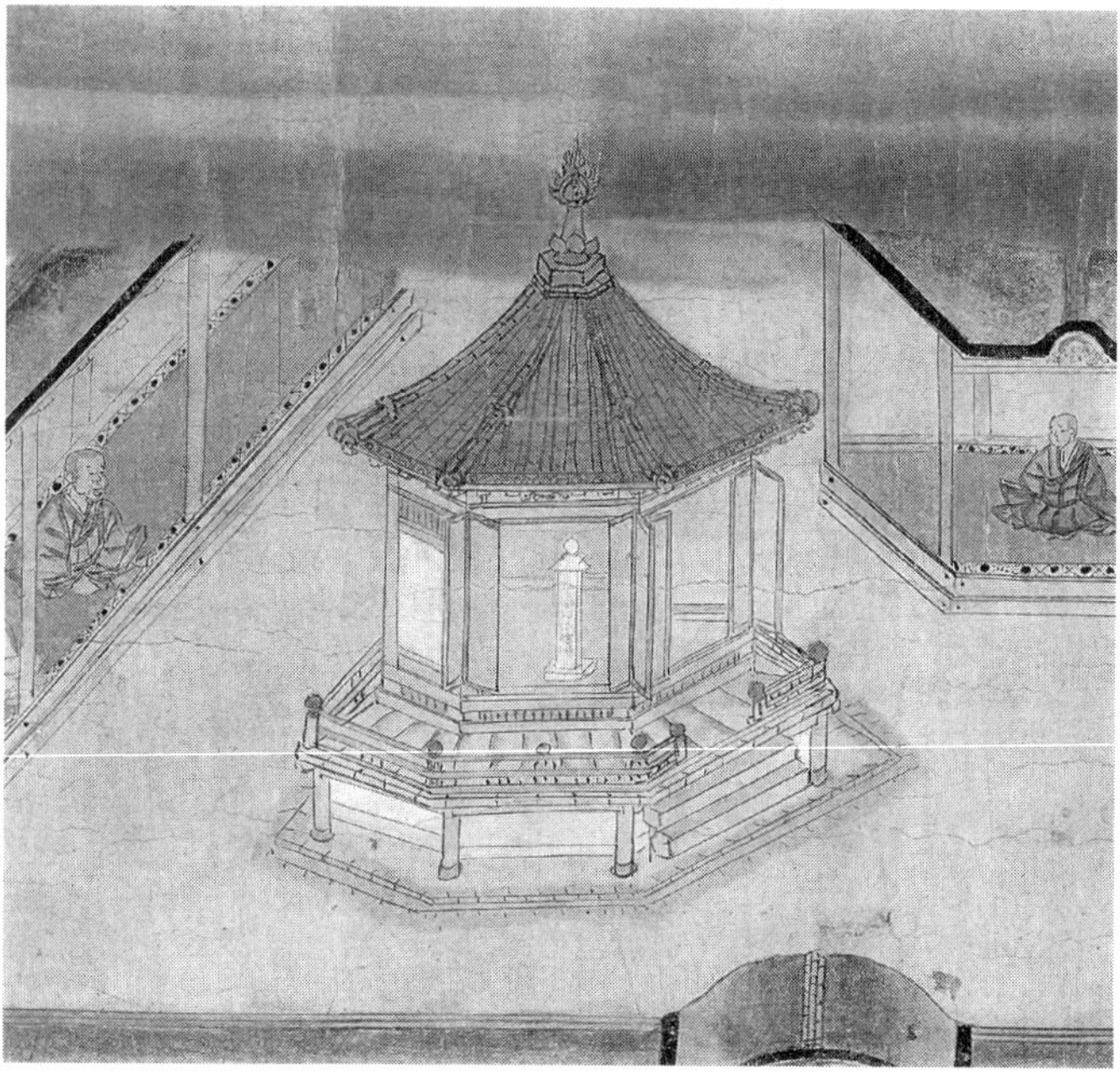

図12　親鸞廟堂図（琳阿本，京都市・西本願寺蔵）

とあり、土中に埋めたように表現されている。①は石塔らしきものがあり（図12）、その下に埋められたとすれば不自然さはないが、②の場合では、親鸞木像は床の上に置かれて、石塔らしきものも床上にある。したがってこの石塔は当然地面とは接触していないと考えなければならない。もし遺骨が埋められていたとすれば、この床下の地面の中にあることになるが、床下に遺骨とはあまりにも不自然である。

遺骨はどこに「おさめた」

注目すべきは②の廟堂場面の注記に、親鸞の遺骨を「おさめたてまつる廟堂」と、「おさめる」と表現している点である。「おさめる」とは「納める」、「ものをしまいこむ」意で、必ずしも埋めるという意味ではない。この絵は床上に石塔らしきものと親鸞木像を置く描き方をしているので、本来「埋める」意では不自然である。

床上状態なら、この堂内のどこかに親鸞遺骨を「おさめた」と理解すれば、注記は絵の場面と矛盾しないのである（「影像」がありながら「廟堂」は矛盾するが）。おそらくこの注記は絵の場面と詞書との矛盾を調整するために入れられたものと考える。

そうすると遺骨はどこに納められていたのか。覚如作という「報恩講私記《ほうおんこうしき》」（教学伝道研究センター編『浄土真宗聖典』註釈版第二版、浄土真宗本願寺派、二〇〇四）には「廟堂に跪《ひざまず》きて涙を拭ひ、遺骨を拝して腸《はらわた》を断つ（悲しみに堪えられない）」という表現がある。

年に一度の親鸞命日の行事報恩講で、遺骨を拝したというのだから、取り出して参詣者にみせていたと考えられる。もしそうなら、遺骨は取り出せる場所に納められているはずゆえ、土中はありえないということになる。そこで②の廟堂内場面で想定しうるのは、親鸞木像の胎内がまず第一に想定される。胎内納入はしばしばあることである。

唯善事件

親鸞遺骨と親鸞木像に関する問題で避けて通れないのは唯善《ゆいぜん》事件である。経緯は以下のごとくである（「親鸞・本願寺略系図」適宜参照）。覚信の子息唯善は大谷廟堂などの管領《かんれい》を目的に、異父兄覚恵や甥覚如を大谷から追い出した。しかし延慶二年（一三〇九）七月十九日青蓮院から覚如は、唯善の非分を排斥し、影堂などを管領するよう安堵された。結果、唯善は影堂に安置されていた「盗二隠影像（親鸞木像）・遺骨一、剰《あまつさえ》破二取堂舎庵室一」「逐電《ちくでん》」してしまった。

ここには唯善が遺骨を持ち去る際、遺骨を掘り出したとは記しておらず、遺骨が土中に埋められていたとはいいきれない。木像も遺骨も同時に奪取したわけゆえ、遺骨は親鸞木像に納められていたと考えても矛盾はない。たとえ胎内納入でないとしても、土中に埋められていたのではなく、別に安置されていたという考えも成立する。

時代は下るが、『天文日記』天文十年（一五四一）九月十日条に越中国井波瑞泉寺《いなみずいせんじ》了如（蓮如娘）が没した時、「取レ骨令レ納レ堂」と、彼女の遺骨を「堂」（御影堂と考えられる）に納めたとある。また「御堂ノ御作法日々記」慶長三年（一五九八）三月五日条（首藤善樹編『慶長日記』同朋舎、一九八〇）によれば、本願寺第十一世顕如の遺骨が「御影堂須弥壇《しゅみだん》ノ下ニ（中略）台ニスヱ御置被レ成候」と、顕如の遺骨は墓（土中）に埋葬されず、須弥壇下に安置されていたことがわかる。前述の別安置とはこのようなものと考える。

唯善事件後、延慶三年七月四日以前に、顕智ら関東門弟により「造二立影像一安二置所

親鸞・本願寺略系図

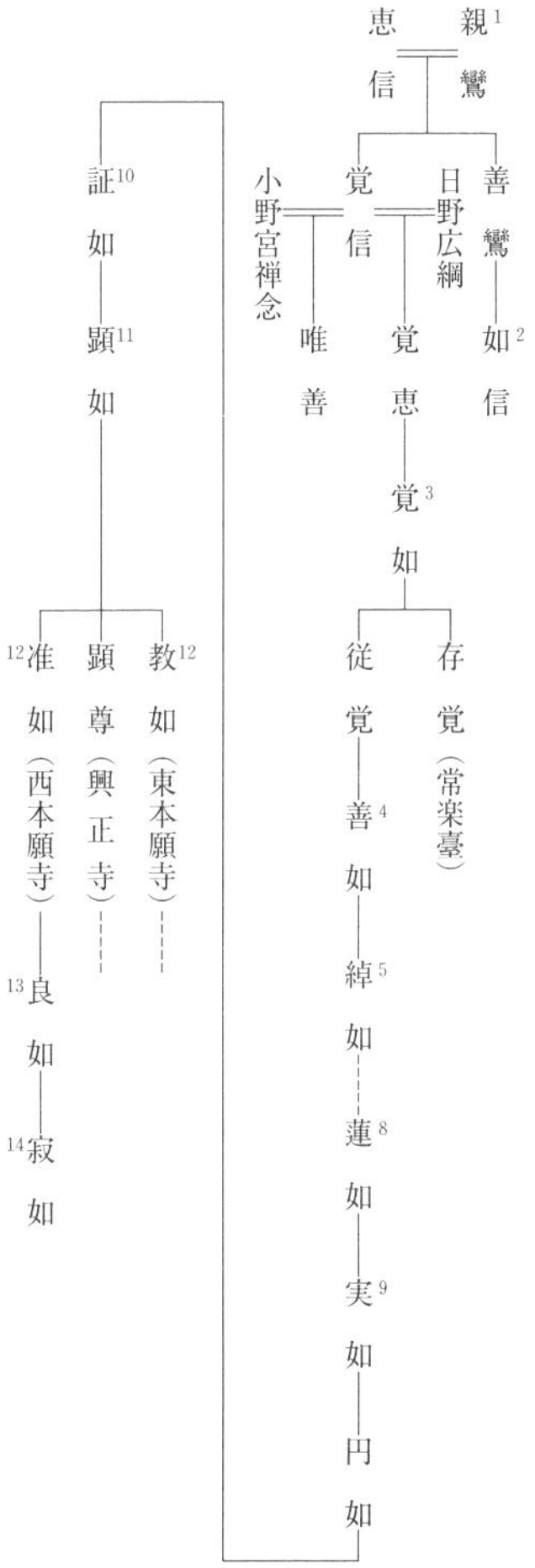

※1・2・3は、東・西本願寺の歴代。

㆑残遺骨㆓」された。親鸞木像を再造立し遺骨は残っていたものを安置したとあるが、遺骨がどういう状態で残っていたかは不明である。唯善が影像と遺骨を持ち去る時、こぼれ落ちたのか、盗まれた遺骨以外にも遺骨があったのかはわからない。

また木像が再興され遺骨をどうしたのか、この表現からは断定しきれないが、遺骨は木像と別々に安置された感はある。伝絵から分析したように、影堂成立段階でも遺骨は埋められず、別安置あるいは胎内に納入されていたが、その後に続く唯善事件をみても、やはり遺骨は埋められなかったと考えられるのではなかろうか。ただし再興された木像に納められた可能性もやはり否定はできない。

中世における親鸞木像のゆくえ

建武三年（一三三六）南北朝の動乱の余波を受け、大谷本願寺は焼失する。その際、初稿原本の伝絵は焼失したが、顕智らが再造立した木像も焼失したのか、また避難させたのかは当時の史料からは何ら確認できない。覚如の長男従覚が建武五年七月三日に再度編した『末燈鈔《まつとうしょう》』識語（千葉乗隆ほか編『真宗史料集成』第一巻、同朋舎、一九七四）には、その火災が「宿坊炎上之時、忽《たちまち》成㆓灰燼《かいじん》㆒」と表現され、火災被害の甚大さを暗示する。

ついで親鸞木像のことが、歴史の表に表れるのは室町時代後期、蓮如の時代である。寛正六年（一四六五）正月九日、京都大谷本願寺（京都市東山区）は延暦寺の衆徒に破却された。その時「御本寺様之生身之御影像」は京都室町に移し、今法《こんぽう》（金宝）寺に、また壬生《みぶ》へと転々と移された。そして応仁元年（一四六七）二月上旬、近江堅田（滋賀県大津市）の本福寺に移したが、応仁二年正月九日、延暦寺衆徒が堅田を攻めた。そのため、三月十二日、「生身之御影像」は大津浜の道覚道場へ移した。さらに安全確保のため、翌年三井寺境内の南別所《みなみべつしょ》に顕証寺を建立して、影像を移動させた（「本福寺由来記」千葉乗隆編『本福寺史』同朋舎、一九八〇）。

この時は親鸞木像は「生身之御影像」と称されている。本福寺は蓮如を援助した在地の有力な真宗寺院である。その寺院の所蔵する記録は在地のことを伝える貴重な史料として旧来から注目を集めてきたものであり、そこに記述されていることは信憑性がある。したがって在地では親鸞木像を「生身之御影像」と呼んでいたことは間違いなかろう。

次に確認されるのは、文明十二年（一四八〇）十一月十八日「御文」に「年来大津ニ此十余ケ年之間、御座アリシ根本之御影像ヲウツシ奉リヌ」である。これは大谷本願寺破却と蓮如の流浪が終わり、京都山科に本願寺が建立されたための移転であった。蓮如は親鸞木像を「根本之御影像」と表現している。これは大谷本願寺よりの最初の木像という意味であろう。

戦国時代の親鸞木像

戦国時代にも木像の動きは確認できる。『私心記《ししんき》』によると、山科（京都市山科区）にあった本願寺が天文元年八月二十四日、六角定頼《ろっかくさだより》などに焼き討ちされた際、本願寺側は木像を避難させるため前日に「土ニ埋入」れたという。そして木像は醍醐寺報恩院、宇治田原に避難させられ、やがて大坂本願寺に持ち込まれたようである。

その後確認できるのは、本願寺が織田信長に攻められ、当時の当主第十一代顕如が天正八年（一五八〇）四月九日大坂本願寺を退城する時である。顕如の長男教如は退城を拒否、再籠城を主張した（「親鸞・本願寺略系図」）。それを支持した紀伊国雑賀衆《さいかしゅう》は「御くし（首）の御事、二のきりまて、新門跡様（教如）へあつけまいらせせられ」（天正八年四月八日「雑賀衆誓詞」本願寺史料研究所編『図録　顕如上人余芳』浄土真宗本願寺派、一九九〇）とみえる。ここにみえる「御くし」が親鸞木像の首（頭部）と考えられている。

同年八月十六日「下間性乗《しもつましょうじょう》　奉《うけたまわる》　本願寺御印書《ごいんしょ》」（福井県編『福井県史』資料編六、同県、一九八七）によれば、顕如が退城する際「御本尊并ミくし・太子・七高僧、其外の仏物・法物とも、とりおとされ」とあり、本尊や「ミくし」などは教如のもとに残されたようである。この「ミくし」が雑賀衆の主張した「御くし」であろう。なお「御本尊ハやけ参」と、阿弥陀堂の本尊は焼失したと記している。

しかし顕如は仏物などを渡したままにしたわけではなく、顕如側からそこに人を「付置」いたらしく、結果「みくし以下、此方（顕如）へ御帰候」とある。顕如は本願寺退城時、親鸞木像とともに紀伊鷺森に下ったといわれているが、上記のように、本尊や「ミくし」は置いていったとみてよいであろう。

南北朝の動乱後、木像は戦国時代まで確認はできるが、その時々にみえる木像が南北朝前後の木像と連続するものか、またこの間に制作されたのか確実なことはいえない。本願寺は紀伊国鷺森《さぎのもり》（和歌山市）移転以後、天正十一年に和泉国貝塚（大阪府貝塚市）へ、豊臣秀吉の政策により、同十三年大坂天満《てんま》へ、そして十九年京都の現在の地へと寺基を移していく。この移転に親鸞木像も遷座を繰り返したであろうが、その移動の詳細は不明である。この間には大きな事件もなかったため、おそらく木像にも大きな変動はなかったものと思われる。

近世における木像のゆくえ

顕如まで伝来してきたと考えられる木像は、その子西本願寺第十二代准如の時、近世初期に数度危機に陥っている。一つは慶長元年閏七月十三日の大地震である。本願寺は御影堂の倒壊など甚大な被害を受けたが、御影堂安置の親鸞木像の被害状況は不明である。御影堂は翌年再興が開始される。地震は火災と違い焼失することはなく、木像も被害があっても破損であろう。

もう一つは元和三年（一六一七）十二月二十日の火災（元和の火災）である。この時は「元和三年日次之記《ひなみのき》」（髙島幸次編『元和日記』同朋舎、一九八六）には「御所中、一宇も残らず、一時に灰燼」とあり、本願寺は両御堂や屋敷まですべて焼失したようである。寛文九年（一六六九）成立の「法流故実条々秘録《ほうりゅうこじつじょうじょうひろく》」（千葉乗隆編『真宗史料集成』第九巻、同朋舎、一九七六）には「悉《ことごと》くみな炎上也、その外御所中、御内証《ごないしょう》方まで焼失訖《おわんぬ》」「相残り候ところは、御堂西の門、阿弥陀堂の門、御影堂の門は焼候、御亭、台所、同御門、御蔵三、四ヶ所」と被害の詳細を記す。

しかし「元和三年日次之記」には「開山聖人の御真影幷に御影像など悉く相残」と、親鸞木像は無事と記されている。「法流故実条々秘録」では避難した詳細を「川那部《かわなべ》豊前家へ御真影移し奉る、予（西光寺祐俊）など戸板にのせかき奉り候、翌廿一日、興正寺殿御堂へ御真影御移しあり」と記している。元和四年阿弥陀堂建立、寛永十三年（一六三六）御影堂建立と、両堂は再建されている。

このように木像は近世初期の危機を乗り切ったようだが、やがて近世史料には次のように木像の由来や歴史のことがまとめて記述されるようになる。そこに記述されていることがすべて事実とはいえないが、木像の伝承としては興味あるものがある。事実でなくても木像や遺骨に対し、こうあってほしい願いや希望、信仰などが込められており、十分研究対象になる。

「法流故実条々秘録」　「法流故実条々秘録」は寛文九年四月の成立で由緒としては、比較的早い段階のものである。編者西光寺祐俊はこれ以外にも本願寺の諸記録を編纂し、記述の内容には信頼しえる部分も多い。そこにみえる親鸞木像については「古来両様ノ義申伝」として次の二説をあげる。一には親鸞が九十歳の時に開眼したもので、もう一つは文永九年（一二七二）親鸞遺骨を吉水北辺に埋め仏閣を建てた時、安置された「影像」であるという。後者は先述の伝絵によった考えである。

准如は前者の説を採用していた。これは寛元元年（一二四三）十二月二十一日「親鸞譲状」（「いや女譲状」本願寺史料研究所編『図録　親鸞聖人余芳』浄土真宗本願寺派、二〇一〇）を根拠とした説である。それは親鸞が「みのかわり」（身の代わり＝身のかわりに他のものをあてること）を「ひむかしの女」に「とらせる」という部分を、「みのかわり」を「御真影」（親鸞木像）とし、「ひむかしの女」を「いや女」（親鸞末娘覚信とする）として解釈したものである。現在では「いや女」が覚信ではないことは明らかであり、かなり無理のある解釈である。

さらに続いて以下の伝承を記す。唯善の子孫善栄は本願寺で親鸞木像の鑰所役《かぎどころやく》を勤めていた。善栄は自分が覚信の子唯善子孫であり、本来、本願寺住職たる家柄と考えていた。

そして康応元年（一三八九）御真影の首（頭部）を持ち去った。本願寺第五代綽如《しゃくにょ》は追手をかけたが、善栄はその首を琵琶湖に沈め隠した。

そのため追手は首を発見できず帰洛した。綽如は再度頭部を制作し、それを身体の部分と合わせた。蓮如の時、善栄より二代後の善鷲（鸞ヵ）が長禄三年（一四五九）持ち去った首を返却してきた。本願寺は受け取ったが、修復した木像はすでにあり、「諸国挙テ正身之御尊容ト拝ミ来リ」という状況にあったため、返上の首は「御本寺御蔵ニ今ニオサメオカレ候也」となった。返上された首の顔は、「今ノ御真影トハ大キニカワリ、御クチナト、シハヨリ、御面モ、オモナカニ、シワ計《ばかり》ナルヨシ承伝候」という様子であった。

近世史料での木像の動向

このように木像の史料は①「法流故実条々秘録」以外にも、②「叢林《そうりん》集《しゅう》」（『真宗史料集成』第九巻）、③「絵像木像由緒」（新編真宗全書刊行会編『新編真宗全書』史伝編五、思文閣、一九七六）、④「真宗故実伝来鈔」（『真宗史料集成』第八巻）がある（個々の詳細は省略）。①〜③は、ほぼ近世前期に該当し、同時期のものとして括ることができる。④は近世中期のものである。これらは細部では異なるが、全体的には同様なストーリーを展開している。特に木像の歴史を語るものとなっており、木像に伝統や信仰の価値、古い時代からの連続性を付加しようとする動きは読みとれる。次にこれらを整理して分析する。

親鸞木像の制作時期については、寿像（親鸞存命中の制作）説と没後説がある。寿像説は「親鸞譲状」（「いや女譲状」）にみえる「みのかわり」を、親鸞の代わりと理解し、それを木像に比定したものである。没後説は伝絵を根拠に置くものである。また如信が制作したともある。これが当初、影堂に安置されたもので、「根本之御影」（③）とも称された。「根本之御影」（初代）以後、親鸞木像造立の制作回数をみれば、唯善事件により木像・遺骨が持ち去られた後、覚如により復旧されている（第二代）。この復旧は古文書などで確認しえる歴史的事実である。ただし復旧の主体は歴史的事実としては、覚如ではなく顕智ほかの関東門弟たちである。

その木像は南北朝の動乱で本願寺とともに焼失（④）。覚如は再度木像を制作（第三代）。覚如（善如・綽如とも）の時、唯善の子孫常敬寺善栄（③では信濃国浄教寺）により、木像の首（頭部）だけが持ち去られた。覚如（善如あるいは綽如とも）は残った身体の木像に失われた首を再興した（第四代）。その際、骨を砕き漆に混ぜ木像に塗ったという（②③）。四代目の木像は「正身之御尊容」（①）といわれた。

このように木像は「根本之御影」を含め、最大四回制作されている。①は唯善子孫善栄事件以後の話を記し、それ以前の復旧回数は不明である。また大谷本願寺炎上の際、木像が焼けた否かは不明な場合もある。②では大谷炎上で木像は焼失したと記されていないので、制作は三回となっている。③では唯善事件後の復旧を知らなかったようである。

上記のように、准如は当初の影堂安置の木像を寿像と理解していた。これは寿像を「みのかわり」＝親鸞自身と解釈したのである。つまり木像・絵像では「寿像」が最も本人自身であったのである。親鸞御自作との表現はまさに「寿像」＝本人であった。

遺骨塗り込め

木像に遺骨を塗っている、あるいは遺骨が納入されているとの話にもどろう。といっても実際それが確認されたことはない。中世では元来遺骨や木像に関する史料が少ないこともあり、塗る記事は確認できない。現状では「叢林集」からだけである。「叢林集」より早い成立の「法流故実条々秘録」は「叢林集」と記述内容がほぼ同様だが、遺骨塗り込め内容はない。したがって遺骨塗り込め伝承は「叢林集」成立頃に始まるとみてよい。その後の事例には遺骨塗り込め話が盛り込まれ、いつしか現代にまで伝承されることになったようである。

遺骨塗り込めも、首のみと「総体」＝木像全体との二つの話になっている。遺骨はくだいて細かくし、漆に混ぜて塗ったという。これは近世中期にみえる話だが、木像へ実際に施したかは別として、遺骨を塗る場合、このような方法しかない。つまりこの方法は一般的なことを記述したにすぎず、特に親鸞独自の話ではない。

平成十六年（二〇〇四）「空海と高野山展」で出陳された、金剛峰寺《こんごうぶじ》所蔵不動明王立像

（和歌山県高野町、鎌倉時代作、重要文化財）の胎内に、同時代作の不動明王立像が納入されていることが、同年三月三十一日東京国立博物館の調査で確認された。胎内仏は全体が灰色に塗られていた。これは立像や胎内仏造像発願者の僧運意が母の往生を願い、胎内仏に母の遺骨灰を混ぜ塗ったものと考えられている。

これは仏像に遺骨を塗る事例だが、遺骨塗り込めの方法が中世から近世に受け継がれ、仏像や木像に施されたとみて大過はない。木像に遺骨を塗ることは、遺骨を胎内に納めることと同じで、木像と遺骨とを一体させる行為であることは確かである。この一体化は中世からある行為であり、親鸞木像への遺骨塗り込め伝承が近世前期より始まったとしても、もっと以前よりあり得た可能性は十分にある。

親鸞の寿像をめぐる東と西

問題はなぜ近世前期になり、親鸞木像に遺骨を塗る伝承が生起してきたのかである。もとよりなぜ本願寺は木像の過去を探るようになったのかである。木像の伝統を明らかにする動きは、戦国の世が終焉《しゅうえん》を迎え、近世的平和が登場した結果である。戦国の戦うエネルギーがすべて社会生活に振り向けられ、生活が安定した結果、学問に対する意識も強まり、自己の歴史や系譜を確認する姿勢が出現したのである。これは幕府が武断から文治政治に向かったことでも明らかである。

これが社会的に大きな背景と考えるが、本願寺の場合それのみではない。顕如の長男教如はいったん本願寺を継職をしたが、豊臣秀吉の命で隠居させられ、本願寺は弟准如が継職することになった（「親鸞・本願寺略系図」参照）。やがて教如は徳川家康の助力を得て、慶長八年に本願寺を別立することになる。これが東本願寺である。准如の継いだ本願寺は西本願寺となる。教如は本願寺を別立するため、親鸞木像を上野国厩橋《うまやばし》妙安寺《みょうあんじ》より迎えた。

妙安寺開基成然へ授与されたと伝える、妙安寺所蔵の木像は「為二形見一授与之木像御影」（慶長八年三月七日「本願寺教如書下《かきくだし》」『本願寺教団史料』関東編）、「御開山様御自作之御木像」（慶長三年八月三日「下間頼龍書状」『本願寺教団史料』関東編）といわれ、親鸞寿像と考えられていた。准如は教如がこの木像を入手する情報を知り、妙安寺に自分へ譲渡するよう打診した。しかし妙安寺は教如、徳川家康とすでに話がついており、この要請を断った。家康の後押しで教如が本願寺を別立したことは、准如には脅威であった。それは准如の本願寺が取りつぶされる可能性も十分に考えられたからである。

木像の過去を探る

この状況のなか、教如が迎えた木像は親鸞寿像、それは生きている本人自身が自刻した像であった。この結果、戦国時代を乗り切った准如の親鸞木像は相対的に権威を落とすことになった。したがって准如はこれに対抗するため、自己が伝来してきた木像の由緒やその価値を確認せざるを得なくなったのである。

上述したように、准如が自己に伝来する木像を親鸞の「みのかわり」として親鸞寿像説を支持したのは、このためと思われる。しかし木像の歴史を調べると、本願寺の歴史のなか、唯善事件、南北朝の動乱による本願寺の炎上など、自分に伝来する木像は影堂成立当時のままで近世まで伝来すると断定することはできなかった。

親鸞寿像に対抗するためには、准如に伝来する制作し直された木像を寿像に近づける以外にはない。それが親鸞遺骨が塗り込められているとの伝承の付加なのである。つまり寿像に対等の権威に立てるのは、遺骨を塗り込めた木像以外ないということである。寿像＝本人自身、遺骨塗り込め木像＝本人自身であったということである。付加したのは准如とは断定できないが、准如方の西本願寺の者と考えてよかろう。

このことから遺骨とは本人自身であり、木像に塗ることで木像が生身となると考えられていたと思われる。これは親鸞に限るものではない。親鸞木像への遺骨塗り込めと同じく、木像に像主の遺骨が納められている著名な事例は、池上本門寺（東京都大田区）の祖師堂に安置される日蓮木像がある。

この日蓮木像には、像内の底部につまみ蓋付きの円筒形銅器が嵌《は》めこまれ、その銅器内には日蓮と考えられる遺骨が納められている（東京国立博物館監修・倉田文作編『日本の美術　像内納入品』第八六号、至文堂、一九七三）。このような遺骨を木像に納める事例はこの他にも事例は多くある。

遺骨とは何か

これら遺骨を籠める意味は何であろうか。そもそも遺骨とは何か。「小《こ》敦盛《あつもり》」(『御伽草子集《おとぎぞうししゅう》』)の事例はこの意味をよく示すものである。小敦盛は夢中で討ち死にした父平敦盛の幽霊に出会った。眼が覚めるとそこには父の膝の骨があった。この話は骨の一部がその本人そのもの、またその人の魂が宿ると考えられていた証拠である。

このように遺骨とは死後もその人の魂の一部が宿るもの、生命の宿るものと認識されていたのである。まさに聖遺物なのである。この事例は御伽草子に収録されるもので、この草子が民衆レベルの世界と信仰を映し出していることはいうまでもない。したがってこの信仰は社会的に広がりを持つものであることは間違いない。

さらに鎌倉時代成立の『撰集抄《せんしゅうしょう》』巻五第一五「西行《さいぎょう》於㆓高野奥㆒造㆑人事」(西尾光一校注、岩波文庫、岩波書店、一九七〇)には西行が高野山の奥で、野に落ちている骨を一体分拾い集めつなぎ合わせ、反魂《はんごん》の術により人を造った話がみえる。これは明らかに遺骨に魂・生命の宿る観念の存在を背景に成立した話であろう。つまり中世には遺骨に当該人の魂や生命が宿ると考えられていたということである。

このことはお彼岸やお盆の墓参りに、お墓に話しかけている人の姿をみれば、それはよく理解できる。これは墓石に語りかけているのではなく、そこに納められている遺骨に話しかけているのである。現代に至っても、遺骨に本人を感じていることは明らかであろう。

遺骨を籠める

本願寺史料研究所所長であった千葉乗隆氏の調査により、常楽臺《じょうらくだい》（京都市下京区）所蔵「花の御影」の軸木に、親鸞の遺骨が籠められていたという寛文七年・同十年・宝永三年の三つの墨書が発見された（『毎日新聞』二〇〇七年九月十八日朝刊、『朝日新聞』『産経新聞』『京都新聞』各夕刊）。そして墨書のみでなく、軸木中央には遺骨を納めた銀筒を籠めた穴の跡も確認された。

「花の御影」とは南北朝期作の親鸞の絵像である。像容は親鸞が牀座《しょうざ》の上げ畳に正面向きで座し合掌するものである。背屛《はいへい》には親鸞の頭部を囲むように、蓮華《れんげ》が描かれることから「花の御影」と通称されてきた。「花の御影」は南北朝期成立の名品だが、軸木は表具の布の内側にあったため、これまで誰も気が付かなかったのである。

これは遺骨と「花の御影」を一体化することが目的で、生命の宿る遺骨により「花の御影」を生身の御影にする、生ける親鸞とする行為であったと考えられる。絵像に遺骨を合体させるには、絵の具に遺骨をまぜるか、軸木に籠めるしかないであろう（拙稿「生命・遺骨としての身体」『中世びとの信仰社会史』法藏館、二〇一一）。

これからみると、木像に遺骨を籠める、塗り込めるとは、木像を像主本人、生身のものとするための行為であることは明らかであろう。遺骨塗り込め木像伝承もこの動きのなかで理解しなければならないのである。

本山の木像は生きていなければならない。各地の寺院や道場においても、親鸞絵像は安置されている。その地域では地域で、親鸞と面授する体勢が組み上げられていた。本山での行事も、雑賀衆三〇〇人計に「御堂（御影堂）ニテ御酒被」下候」（『私心記』天文四年六月十七日条）とあるように、「御堂ニテ」＝親鸞木像の前＝「御影前」で行うことが多いのであった。これも本山木像が生きていることで成立する面授の儀式なのであった。

各地の寺院などの頂点に存在する本山の親鸞は、当然、各地の絵像以上の存在でなければならない。それは生きている木像以外にはあり得ないであろう。それゆえ遺骨塗り込めの伝承が堅持されてきたものと思われる。

この伝承は、時を超えて祖師との絆が、面授という形で維持されることとするため、必要な伝承であった。生きた祖師と面授する、これこそ民衆が求めた関係であったのだろう。

腐らない遺体——聖なる身体、奇瑞の源流

自分の遺体をみせよ

本願寺第八代蓮如は没する前「遺言」として、没した後、自分の遺体を「御堂へ入申テ、聖人ノ御前ニテ人ニ見セヨ」と言い残し、明応八年（一四九九）三月二十五日午の正中に息を引き取った。その遺言通り晩景に遺体を「数万人ヲカ（拝）ミタテマツ」たという。本願寺側は当初荼毘《だび》期日は四月二日と申し触れたが、急に三月二十六日の日中に行ったという（「第八祖御物語空善聞書《くうぜんききがき》」『真宗史料集成』第二巻）。なぜ蓮如は自分の遺体を人びとにみせろといったのか。さらに本願寺は荼毘を没一週間後の四月二日と公表しながら、没後の翌日に執行したのか。ここには死に際して歴史的な問題がからんでいる。以下、蓮如の問題も含め、「死」の歴史的認識について考えてみたい。

まず「死」に対する受け止め方はどのように変化しているのか。これは仏教が大陸から渡来する以前と以後とでは大きく変わる。日本最古の歴史書『古事記』（七一二年成立）には、仏教渡来以前の「死」の認識を知り得る記事がみえる。

「死」と「往生」の歴史

イザナミ命《のみこと》（女性）とイザナギ命（男性）の記事がそれである。両者は神話上、最初に夫婦となった男女二神で、日本国土創造神である。イザナミは国土の島々を造ったのち、天照大神以下の神々を産み、そして火の神を産んで火傷を負い死去し、黄泉《よみ》の国に行くことになる。イザナギは妻イザナミを追って地下の黄泉の国を訪問する。そこでイザナギがみた死後の妻の姿は、腐乱しウジ虫がたかる様子であったとある。イザナギは結果的に黄泉の国から逃げ帰ったのだが、ここにみえる妻の姿から、古代人は「死」をマイナスのイメージでとらえていたと理解できる（千々和到執筆「死」項『日本史大事典』平凡社）。

仏教伝来以後、特に平安時代中後期頃から、浄土教が展開するにつれて先の認識は大きく変わる。浄土教はこの世で命を終えたのち、他の世界に往《い》き生《しょう》を受ける（＝往生）と説き、特に念仏の功徳により臨終の時、阿弥陀如来の来迎にあずかり、阿弥陀仏の国土である西方の極楽浄土《ごくらくじょうど》に往き生まれることを主張した。このように浄土教の展開が「死後に生まれ変わる極楽が、どのような世界であるかが解き明かされるようになると、日本人の間にあった、死後の魂の行方についての観念も、徐々に変わりはじめた」（大隅和雄「鎌倉仏教と民衆」『中世仏教の思想と社会』名著刊行会、二〇〇五）。

「死」はここにきて、従来のマイナスから、大きくプラスのイメージに転換することになった。さらに単なる「死」と「往生」による「死」の二種も発生したのであった。当初浄土教は貴族間、それも中流貴族の間で流行した。この時期貴族社会では役職が各家で固定化し、中流以下の貴族は出世することができなくなり、現世よりも来世に期待を持つようになっていたのであった。

奇瑞のために

ただ往生を遂げるためには、「死」の準備をして臨終行儀が重要とみなされ、堂舎の建立、仏像造立などを行い、念仏にいそしむことになった。さらに往生の証《あかし》として、奇瑞《きずい》が生ずるとも考えられ、その奇瑞を求めてひたすら作善《さぜん》（造仏・称名《しょうみょう》など）に傾倒していくことになった。

奇瑞とは臨終時に異香（この世のものとは思えないよい香り）がしたり、音楽が聞こえたり、天から花が舞う、紫雲《しうん》が立ち上る、遺体が腐乱しないなどだが、およそ起こり得ないものばかりであった。奇瑞現象は臨終者が仏の世界に包まれた証、仏に触れた証であった。特に現実的ではない遺体が腐乱しないのも、その仏の傘下にあるからに他ならない。

遺体が腐乱しないことが、聖なるモノの証と理解することは、ヨーロッパの事例からもわかる。それは一八七九年に没したベルナデェッタの遺体の話である。彼女は聖母マリアの告げにより、南フランスのピレネー地方ルルド（スペインとの国境）の聖水を発見した修道女であった。死去後、ヌヴェール修道院に遺体は埋葬されたが、事情により遺体が一九〇九年に掘り起こされた。その時、遺体は腐敗することなく、生前の状態であったという。その遺体は現在も同寺院に安置されており、彼女はのち聖人にも列聖もされている。この伝説からわかるように、聖母マリアに出会う＝聖なるモノに触れた者の遺体は腐らないという、日本と同じ奇瑞が確認できるのである。

このようなありえない奇瑞に貴族たちは金銭をかけて、それが生じるように努力をするのであった。たとえば、往生用の特別な一室を仕立て香を焚き音楽を奏で、臨終間近で意識もうろうとする人に「極楽はみえたか」などと、何度も問いかけ、ついに「みえた」といわせて死を迎えさせることがあった。これは死ぬ間際の人に強制的に極楽をみせる装置で、ある種殺害ともいえるような行為であった。しかし往生を確認することは、本人のみならず周囲の人びとにも、本当に極楽の存在を示す非常に大事なことであった。だから看取る方も、看取られる方も必死なのであった。

現れない奇瑞

当時の人びとがやっきとなった「往生」と「死」とは何が異なるのか。次のような話がある。ある僧が極楽往生を願い、支度をしていよいよ臨終の時を迎えたが、ついに一切の奇瑞は現れなかった。その僧は涙を流し、「天に音楽なく、室に薫香なし」と、往生の願いが叶わず、嘆き「死」んでいった。

これは平安時代後期に成立した『拾遺往生伝』(『往生伝　法華験記』)の一事例だが、ここから往生の確認が奇瑞の有無であること、奇瑞のない＝往生ではない「死」を回避したいという強い考えがあることが理解できる。では往生ではない「死」の回避とは、どういうことなのか。往生すれば極楽に往けるが、そうでない「死」は死穢《しえ》(死のケガレ)を生じさせる。人びとはそれを避けようとしたのであった。つまり「往生」と「死」は天地ほどの差があった。

「生と死」の境界が近代科学により、客観的に説明される以前の人びとの生活は日常的に「死」に接し、「死」によって規定されていた。庶民は「死」と隣り合って生き、「死」を生活のなかに取り込み、「死」を怖れながらも、死者と共存していたのであった(阿部謹也『中世の星の下で』ちくま文庫、筑摩書房、一九八六)。

しかし仏像造立や往生の装置を用意できる者は、貴族などの金持ちのみで、庶民の世界にまでとうてい及ぶものではなかった。その上、往生の証が奇瑞となると、往生をどれほど人びとが望んだとしても、先述したようにほとんどの人はそれに遭遇することはなかったので、往生を遂げることができなかった。

そこで登場したのが法然や親鸞であった。彼らは従来の教典の独自な解釈をすることを通して、念仏する人びとは必ず極楽往生できるとの考えに達し、それを民衆に説き、多くの人びとを救済した。

腐らない遺体―屍蠟―

中世では「往生」の判定は奇瑞が生じるか否かであった。奇瑞とは現代人の常識からみれば、まさに荒唐無稽である。しかし当時の人びとはあると考えていたのである。現代では考えにくいが、実は必ずしもそうとばかりとはいえず、遺体が腐敗しない事例はあるのである。その一つは屍蠟《しろう》である。これは遺体の脂肪部分が一種の化学変化を起こして、腐りにくくなったものである。墓地改葬時に発見されるという。

明治四十二年（一九〇九）には、東京市深川の海福寺で、溝口伊勢守（天保八年没）、山之井上臈《じょうろう》（天保十二年没）、本多淡路守（享保八年没）とその子ども（享保七年没）の四屍蠟、昭和二十九年（一九五四）には、青森県弘前市報恩寺で、津軽藩の津軽承祐《つがるゆきとみ》（安政二年没）、昭和四十六年には東京都芝西応寺で、前橋藩主松平直矩《なおのり》の側室杉浦三保（享保十二年没）の各遺体が、屍蠟化した状態で発見されている。これらの人びとは近世の遺体であるにもかかわらず、よく保存されていたという（内藤正敏『日本のミイラ信仰』法藏館、一九九九）。

さらに昭和二十八年には東京都世田谷区の墓地で発見された男爵毛利五郎氏の遺体（大正十五年没）も屍蠟やミイラでもなく保存されており、第三の「永久死体」とも称された（古畑種基「元男爵毛利夫妻の遺体調査について」『犯罪学雑誌』一九―一、一九五三）。これは釘一本も使わない檜の棺の外側に亜鉛板がハンダ付けされており、密封状態＝缶詰のような状態であったという。

平成十一年（一九九九）実施の谷中《やなか》三崎町遺跡発掘調査で発見された江戸時代のミイラが、同年に東京都の国立科学博物館に展示された。それは陶磁器の壺に膝を抱えた状態であり、壺に入っていたため、酸性地下水の影響を受けず、屍蠟状態で出土したという。首に南無妙法蓮華経と書いた札が下がっていたという。ＣＴ、遺伝子などを調査した結果、三〇代後半～五〇代の女性、歯槽膿漏で歯の多くがなくなっていることなども確認された。

これは自然現象のなかで生じた事例だが、確かに腐乱せず遺体が保存されている事実は存在する。そして明らかに人工的な遺体保存技術も存在していた。

腐らない遺体―水銀―

A『蔭涼軒日録《いんりょうけんにちろく》』延徳元年三月二十七日条

愚曰《いわく》、已《すでに》向二温気除一、御温服白帷被レ著レ之、可レ然、又以二水銀一被レ入二御口・目・鼻等一可レ然（中略）愚又往二殯所《もがりどころ》一、一見彼御顔面、実如レ生也

Aは延徳元年（一四八九）三月二十六日、近江国鈎《まがり》の陣で急逝した足利義尚《よしひさ》の様子とそ

の陣を京都へ引き上げる時の記事の一部である。義尚は「已向二温気除一」＝ぬくもりがなくなっていた（死去していた）が、動座のために遺体を保存する必要があった。

その時用いられたのが「水銀」であった。記事によるとそれを口や目・鼻などから注入したという。水銀は防腐剤としての機能があり、それを利用していたのである。その結果「実如レ生」＝生きているような状態が出現したのであった。

水銀は古くからその効用は知られていた。用途は工業用や防腐剤や医薬である（矢島澄策「日本水銀鉱床の史的考察」谷川健一編『金属の文化誌』日本民俗資料集成第一〇巻、三一書房、一九九一）。この点を歴史地理学者松田壽男氏の名著『丹生《にゅう》の研究』（早稲田大学出版部、一九七〇）より、少し詳細に説明しておこう。松田氏は、ニフ（丹生）という地名が水銀鉱床の上に成り立っていることを明らかにし、丹生明神を地主神とする高野山も、その中心部からは高品位の水銀が検出されたこと、高野山の霊域はすべて巨大な水銀鉱床であることを指摘した。そして古代水銀技術は真言宗で重視され、高野山経営や真言宗勢力の拡張に経済的な役割を果たしたのではないかと推定する。

水銀は大量に摂取すると、中毒を起こし死に至ることは知られているが、一方では殺菌作用や防腐作用があることは、前述の義尚の事例からみても、確かに理解されていたのである。空海《くうかい》が高野山の奥の院で入定《にゅうじょう》し、現在でも衆生《しゅじょう》を救うため生き続けているという、空海入定伝説は有名である。先の高野山が水銀地域であるなら、その水銀の防腐・殺菌機能が空海の遺体を生きているような＝腐乱しない状態を作ったのではないかとも想定させる。この伝承誕生の背景には、このような遺体防腐技術の存在があったからこそ創作されたものではなかろうか（内藤正敏『日本のミイラ信仰』）。

腐らない遺体 ―抹香・灰―

B「実孝《じっこう》葬中陰記」（『真宗史料集成』第二巻）
一（実孝）葬送ハ、侍従証祐依二疱瘡一、延引候、上下ニ多ク入仍抹香《まっこう》ヲ棺ニ入レハ不レ匂、不レ損之由、人申候間、其分也

Bは、天文二十二年（一五五三）正月二十六日に没した大和国飯貝《いいがい》（奈良県吉野町）本善寺実孝の葬送記事である。実孝の葬送を取り仕切る息男証祐が病のため、葬送は延引されることになった。その際、実孝遺体を「不レ匂、不レ損」状態にするため、「抹香ヲ棺ニ入」れたとある。抹香とは香料を非常に細かい粉末状にした香である。丁子《ちょうじ》・白檀《びゃくだん》・甘《かん》松香《しょうこう》・沈香《じんこう》などの香りのよい薫香料を、処方に応じて混ぜ合わせて作られている。現在はシキミ（樒）の葉を乾燥して微粉末にしたものを抹香と称しており、おもに寺院用の香炉にもる焼香料として用いている。

遺体を「不レ匂、不レ損」とあるように、これが遺体保存の技術であったことは間違いない。このように水銀以外にもその保存方法は確かに存在していた（この程度の施行でどれ

だけの効果があがったか不詳だが）。以下、同様な事例を列挙する。

C「順興《じゅんこう》寺《じ》実従《じつじゅう》葬礼幷中陰記」永禄七年六月朔日・四日条（龍谷大学図書館所蔵）

炎天ノ比《ころ》、温気ニ早ク損スヘキノ由ニテ、同日晩夜ニ入テアリ

炎天之比、亡者不レ匂薬トテ各申、棺内ヘハ、抹香ヲ下ニシキ脇上ヘ入、小麦ヲマセテ入也、又近所ニ杉ノ青葉ヲ焼テ、灰ニシテ、アタリ（辺）ニ置也、米酢ヲモアタリニ物ニ入置也、棺ノ内ニ塩少入也、又酒ヲモ入ルト云云

蓮如の十三男実従の葬礼には、「炎天」六月という夏に当たり、遺体が腐乱するので、気温が下がる夜に入棺、さらに「不レ匂薬」として抹香を敷き、そこには小麦を混ぜ、さらに焼いた杉の葉を入れている。杉の葉が消臭作用があることが知られていたのであろう。また米酢や塩、酒も入れるのも、酸性の強いもので防腐作用を目的としたものであろう。

このように中世においては、遺体保存の技術が、過去からの長い経験が積み重ねられ、生活知識として成立したようである。

抹香と灰の配合

「西光寺祐従葬記」（千葉乗隆編『西光寺古記』同朋舎、一九八八）によれば、寛永四年（一六二七）正月十四日、五十八歳で没した京都九条（京都市南区）西光寺祐従の場合は、「入棺之時、抹香《まっこう》ト灰ト等分ニシテ下ニ敷《しく》」と、抹香の他、灰も棺桶の下に等分に敷き詰められていた。また「寛永九年横田可言葬記」（『西光

寺古記』）にも、寛永九年（一六三二）四月十九日、横田内膳正可言が往生した時は、「一、入棺ノ時、瀑（曝）布ノ帷子《かたびら》着セ候ト也、下ニハ抹香ナト入候ト也」と、抹香が棺の下に敷き詰められていた。

さらに「寛永拾弐乙亥八月九日賢妙往生之記」（西本願寺所蔵）では、寛永十二年八月九日、大坂超願寺（大阪市天王寺区）祐専母賢妙の入棺時に、「一、入棺ノ時、抹香二斗、灰壱斗、塩四斗、カキマセ申候、ツメ申候」と、抹香二斗と灰一斗、そして塩四斗をかき混ぜたものを敷き詰めたことが記されている。この場合、灰や塩が入れられ配合も決まっている。塩が多いのは腐乱防止であろう。

「寛永十三年以降下間《しもつま》仲友母妙瑞等葬記」（『西光寺古記』）にも、寛永十三年四月二十日に没した中立売室町飯田宗知の場合も、「一、沐浴已後《いご》、入棺ノ時、灰・抹香交《まぜ》テ入候、又栴檀《せんだん》ノ葉も入候」と、棺に抹香・灰、さらに栴檀の葉も入れられている。この葉や木材には弱い芳香があるというが、これは臭い消しの役割を持たせたものだろう。

戦国期から防腐・消臭の技術は成立し、それが近世にも引き継がれ、その配合も形作られつつあった様子がわかる。灰や塩にはキヨメの役割があり、「聖なる」モノ、境界の事物との指摘がされているが、観念的なキヨメの問題ではなく、実際に灰や塩が遺体保存の機能を有しており、それを中世びとは経験的に知っていたのである。その機能を不思議な力と理解し、聖なるモノ、境界性のモノと考えたのである（網野善彦「境界領域と国家」）。

「灰坊―鹿児島県大島郡―」（関敬吾編『日本の昔ばなし』Ⅱ、岩波文庫、岩波書店、一九五六）には以下の「まみちがね」という人物の話が収録されている。「まみちがね」が、妻に禁じられていた桑の実を食べ、死んで実家に帰った。その時、実父は彼を「酒樽」に入れてふたをかぶせておいた。妻は三日たっても、夫が帰って来ないのを心配し、さらに半日をかけて夫の実家にたどりついた。そこで実父が「まみちがね」の遺体を酒樽から出し、彼女に対面させた。その時、死体は「生きて寝ているようで」あった。妻は死んだ者を生き返す「しじゅる水」を遺体に浴びせ、その水で遺体を拭くと生き返った。

腐らない遺体―酒―

死んで三日半たって遺体が「生きた」ようであったことは、酒樽に入れる遺体保存法があったことをうかがわせる。酒樽が単なる樽のみなのか、酒自体入っていたのか不明だが。この話は昔話であるものの、そこに遺体保存の事例がみえるのは、古くからなされた方法であったのだろう。

阿部謹也『中世賤民の宇宙』（筑摩書房、一九八七）によると、中世ヨーロッパの遺体保存技術について、次のように説明している。

このような裁判の形が一般的であるとすると、血讐が終了するまで死体は埋葬しえないから、フリースランドでは死体を吊して乾燥させて保存したという。ブリール市の法書には何らかの理由で死者と共に訴えを行う可能性がなくなったときには、死体の内臓を出して、内臓だけを葬り、死体そのものには防腐処理を施して保存することが定められているという。（中略）一般にはこのような費用のかかる処理はできないから、死体を空のワイン樽に入れ、石灰か砂をつめ、裁判所に運んで封印し、裁判が開かれるまで人の来ない場所に保管するという。もとより死体はすぐに腐敗してしまうから、のちになると死体そのものの代りに、殺された者の右手を手続きにのっとって裁判官の前で切断する。死体は埋葬し、右手だけを保存しておく。（中略）この右手が原告の位置に立つのである。

ここでもわかるように、裁判時の遺体保存技術（酒や石灰使用）があったのである。洋の東西を問わず、保存の技術を有していたということである。

遺体をみせる

前記したように蓮如はどうして自分の遺体をみせるのか。一遍や法然など、高僧が没する時、その臨終をみようと、多くの人びとが押し寄せる。それは絵巻などで示されているところである。当時、高僧は人間ではなく、仏が仮に人間の姿をして現世にいると理解されていた。その彼らが没することは、死ぬことではなく、元の世界（極楽浄土）にかえる行為と理解されていた。したがって彼らが没する現場にいれば、彼らが極楽にかえる時、一緒に往生できると考えられた＝仏との結縁《けちえん》である。ついには現場で自殺する者も出現したのであった。つまり高僧にとって臨終をみせることは、高僧の役目であったのである。

したがって蓮如が自らの遺体をみせるように指示したのは、遺体は腐乱しない＝往生することを示し、多くの人びとに結縁をさせるつもりでいたのではなかろうか。本願寺第十代証如も没したその日に「助老《じょろう》ヲツカせ申候テ御出候テ、諸人ニヲカマせ申候」（堺本『私心記』天文二十三年八月十三日条）と、助老（ひじをついて休む台）を使って遺体を安定させ、諸人に拝ませている。

江戸時代においても遺体はみせている。江戸時代では遺体をみせ、結縁と極楽往生という、中世のような意味合い薄くなっていると思われるが、遺体をみせる文化は継承されたのである。たとえば、寛文二年（一六六二）九月「教興院殿《きようこういん》良如《りようによ》上人御遷化《せんげ》之記」（龍谷大学大宮図書館編『良如宗主と龍谷大学の歩み』展観図録、同館、二〇一二）には、「御対面所御畳ノ真中ニ御寄掛《よせかか》り共ニ、良如様ヲ奉レ成候、御畳ノキハ御後ロニ惣金ノ御屛風一双引《ひき》回《まわす》」と、同年九月七日に没した本願寺第十三代良如を、対面所（京都市西本願寺の鴻之間、国宝）の上段の間の畳に、寄り掛からせた＝椅子に座らせてもたれかけさせたとある。そして対面所に矢来《やらい》（仕切り）を作り遺体を「諸人拝セ」させている。その時の配置図も記録で残されている。

十四代寂如《じゃくにょ》も葬送において遺体は「於二御対面所一、御尊骸拝礼之諸人多群集ニ付」（「信《しん》解院《げいん》殿寂如上人御葬送之記」京都市本願寺史料研究所保管）と、同じく対面所で諸人に遺体を拝させている。また寛政元年（一七八九）十月二十四日に没した本願寺十七代法如も、二十六日に対面所において「令三衆拝二遺体一」（「大谷本願寺通紀」巻四『真宗史料集成』第八巻）と、遺体を人びとにみせる習俗は堅持されている。

聖なる身体を求めて

往生の証として奇瑞出現譚は一見荒唐無稽ではあるが、上述してきたように自然現象としての遺体保存状態の存在、また古くからの人工的遺体防腐技術の存在からみれば、この奇瑞すべてがあり得ないものではない。この事実に則し最初の蓮如の遺体拝見の事態を考えてみよう。蓮如自身、往生の証として遺体が腐敗しない自信があり、それを実践しようと遺言したものと思われる。これは荼毘を一週間後に設定したことからも推測できる。

しかし実際は腐乱が生じたため、このままでは往生の証とならなくなるため、関係者が急ぎ予定を切り上げ、没日の翌日に荼毘を挙行したものと思われる。彼が没した明応八年三月二十五日は現在の五月十四日に相当、初夏である。気温が上がる時期であり、腐乱現象が生じてもおかしくはないだろう。

これが首肯されるなら、当時奇瑞がいかに重要視されていたかがよく理解できる。事実、この記録や他の記録「蓮如上人御一期記」には、紫雲の出現や蓮花が降る、大地が鳴き揺れるなどの奇瑞が生じたと記しており、明らかに蓮如の「死」を「往生」としたかった意図がうかがえる。ただしこれは蓮如本人や関係者のみではなく、民衆側が奇瑞を依然望んでいることの反映と考えられる点を見逃してはならない。

以上から中世びとの期待した奇瑞は、何らかの事実に基づき考えだされた認識と考えることはできないだろうか。奇瑞にはそれが生ずる何らかの理由があるが、その現象を理解しようとする中世びとは、当然近代的な科学的知識を有しないため、神仏の力として解釈納得してきたのではないだろうか。

そしてこの腐らない身体とはまさに聖なる身体であり、仏の世界に入った証であり、中世びとの求める身体といえるものであったのである。

人と人との絆

僧の献身

目に見えない絆

平成二十三年（二〇一一）三月十一日の東日本大震災以後、「絆」という言葉が広がった。人が人を助ける、支える、これが大きな災害とともに再確認されたようであった。普段、意識しない人と人との絆を気づかされたのである。つまり大震災により目にみえない絆が姿を現わしたのである。ただ裏を返せば、近年、人と人との絆が希薄になっていたことを示すものであろう。

歴史研究のなかで、人とモノの絆を通じて人と人との絆を研究した阿部謹也氏は「獄中に映された昭和史」（『社会史とは何か』）で、次のようなコメントをしている。

目に見えるモノを媒介とした人間と人間の関係があるわけです。この場合のモノというのは、土地とか家とか、野原とか畑や樹木や草花、食物、すべてあらゆる目に見え、さわることができる、あるいはさわれなくても目に見えるモノすべてです。こういうモノを媒介にして人間と人間の関係が結ばれているわけですけれども、それと同時に人間と人間の関係は目に見えない絆によっても結ばれています。愛とか思想とか信仰とか掟、こういった絆もあるわけです。この二つの絆が時の流れの中で大きく変化してゆくその姿に私は関心を抱いたわけです。

阿部氏が指摘する日常生活のなかに、確実にある目にみえない人と人との絆を、ここでは信仰を通じて考える。これは「小さい信仰」であるが、中世びとの生きる基盤になっている大きく重要な歴史なのである。これを明らかにすることが、網野善彦氏が阿部氏著書『中世の星の下で』の解説「社会史研究の魅力」で指摘するように、「民衆史を中心にすえた社会史」なのである。

目にみえない絆をどのようにしてみえるようにすることができるのか、本書の目指すところの、中世の信仰の形を具体的に示すことができるのかだが、ここでは真宗寺院のある僧侶を取り上げ、彼が門徒たちとどのように接していたのか、僧侶は何のために、何をしてきたのか、人びとはそれをどのように受け入れたのかを明らかにしてみたい。

真宗寺院性応寺

世間的には著名ではないが、真宗寺院性応寺《しょうおうじ》了尊《りょうそん》の残した日記が伝来する。この日記はこれまであまり知られていないが、近世初期の記録として貴重なのである。明和七年（一七七〇）十二月「性応寺由緒書上」（龍谷大学図書館所蔵）によると、同寺開基は了願で、俗名安満《あま》右馬尉《うまのじょう》明武と名乗り、楠木一族であった。後醍醐天皇（後村上天皇の誤り）より摂津《せっつ》国木工之本庄（大阪府高槻市津之江町・安満町の一部）を安堵されたという。

のち紀伊国に赴き天台宗の阿弥陀寺を建立。同寺本尊の霊夢により親鸞の曽孫覚如の弟子となる。そして覚如の仰せを受け紀伊国への教化に努めた。やがて後醍醐天皇の勅定《ちょくじょう》により、河内《かわち》国逆徒退治のため、発向して軍功をあげた。老年となり大和国吉野郡貝原《かいばら》村（吉野町下市《しもいち》貝原）に一寺を建立したという。『天文日記』天文二十年六月十九日条には「就当番之儀、性応寺代貝原了教樽持参」とみえるので、貝原の話は事実であろう。

また阿弥陀寺は戦国時代に性応寺と改号したという。そして本願寺が大坂から京都に移転すると、七条堀川（興正寺門前）にも一ヵ寺を建立した。そして明治初期に和歌山から鹿児島加治木町へ移った。

性応寺了尊

記主了尊は同寺八代にあたる。天正十年（一五八二）七月二十六日生まれで紀伊国性応寺で誕生した。文禄三年（一五九四）三月十三日に、十三歳の時、京都本願寺で得度《とくど》（「文禄三年日次之記」龍谷大学図書館所蔵）。以後、京都に居住して本願寺に勤仕し、慶長十六年（一六一一）三月には西本願寺の定衆《じょうしゅう》となったという（千葉乗隆「解説」『西光寺古記』)。

了尊の残した日記・記録は、現在『慶長日記』『元和日記』『西光寺古記』に収録されている。その内容は本山西本願寺に関すること、自分の寺院のこと、門徒との関係、葬式、法事、得度、世間のことなどである。これらは彼からみた当時の社会の一齣ではあるが、それは民衆と接触した行動が多く、当時の民衆生活における宗教活動を垣間見ることのできる貴重な史料なのである。

単婚小家族と寺檀制度

近世社会に入り家族が単婚小家族化するとともに、門徒も「家」を基礎に組織されていく。慶長十二年に幕府はキリスト教禁教を表明。同十九年に京坂地域の転びキリシタンは仏教に帰依《きえ》し、その証文を提出するように命じられた。これが寺請《てらうけ》の始まりといわれ、寛永十二年(一六三五)、幕府は転びキリシタン以外の領民にも寺請を強制するようになる。

この制度が全国的に実施され、檀家《だんか》制度成立が確立する。この結果、人々は必ずどこかの寺院に所属することになり、手次《てつぎ》寺と門徒の関係は前代における念仏による結合から、「家」単位、葬儀・年忌《ねんき》を執行する関係へと比重が移行した(千葉乗隆『真宗教団の組織と制度』同朋舎、一九七八)。

このような概説は近世寺院の特徴といえるもので、従来よく解説されてきた。しかしこれはあくまでも寺檀《じだん》制度成立以降の特徴である。彼と門徒たちの関係は、日記が寺檀制度成立以前のものゆえ、制度として関係を持たさせられる以前の状況が浮き彫りにされている。彼の門徒がどのように形成されてきたかは、詳らかにはしえないが、寺檀制度以前の、本来の信仰から形成された信頼関係がみられるはずである。これこそ信仰で結ばれた絆といえる。このことを知る上でも、了尊の日記は貴重な史料なのである。

了尊の日記から

今回対象とした日記・記録及び対象年は、中心としては次に記した1～3のものである。史料タイトルは諸々あるが、基本的に日記・記録である。そのなかで特に了尊が門徒たちと会うため、旅する箇所を取り上げる。彼の日記・記録から判明する、巡った年・月・日とその地域を、以下の一覧に示した（なお期間は一部を除き、京都出立から、帰京までである）。彼は門徒たちと会うため、年一、二回は京都から下向している。

ただ驚くべきはその移動距離や日数である。彼は京都から大坂・河内国・紀伊国・大和国と移動しているが、その距離は数百キロに及び、日数は一ヵ月近くにもなる場合がある。この旅の目的は何かといえば、門徒の葬式なども含め門徒に出合う旅であった。現在でもこのようなルートを巡ることは、決して楽ではない。それを近世初期の僧侶はやっていたのである。この大きな労力を必要とする原動力は、単なる制度や義務・利益で説明できるものではない。そこには信仰が、そして信仰に結ばれた人と人との絆があった以外には考えられない。

1「田舎覚」（『西光寺古記』）　元和五年（一六一九）　了尊三十八歳
七月十七日～八月三日　大坂・西宮（摂津国）・和泉国・紀伊国
八月二十三日～九月二十四日　大坂・河内国・大和国
＊八月二十四日の河内国萱振《かやふり》甚兵衛葬礼のための旅
十月八日～十一月十八日　大坂・和泉国・紀伊国

2「元和九年夷中ノ覚」（『元和日記』）　元和九年　了尊四十二歳
七月七日～七月二十六日　大坂・和泉国
九月六日～十月七日　大坂・河内国・大和国
十一月七日～十一月十五日　大坂
＊帰京日は不明

3「元和十年夷中ノ覚」（『元和日記』）　元和十年　了尊四十三歳
正月七日～二月十六日　大坂・和泉国・河内国
＊二月六日の河内国久宝寺《きゅうほうじ》宗順葬礼のための旅

遠方まで活動する了尊

このように了尊は一年間に長距離、そして数度移動している。元和五年と元和九年を比較すると、彼は七月頃、八・九月、十・十一月と、およそ同じ時期に各約一ヵ月間、大坂・和泉国・河内国という同地域を移動している。つまり定期的な移動ということである。

この地域以外にも紀伊国や大和国も移動している。これらの移動ルートは先の由緒書で語られていた、性応寺の移動した場所と一致する。つまり由緒の移動は事実で、おそらく移動した地点やその場所場所で布教をして門徒を獲得していったのであろう。

元和五年では、八月三日に京都へ帰寺した二〇日後にまた旅立ちしている。さらに九月二十四日に帰寺したかと思えば、その約二週間後にはまた出発している。彼は実質七月中旬から十一月上旬まで旅をしているのである。つまり年間四ヵ月の移動である。

元和五年八月二十三日から九月二十四日にわたる約一ヵ月の旅は、京から淀川を下り大坂（大阪市）へ、大坂から河内国久宝寺（大阪府八尾市）、再度大坂、そして摂津国平野《ひらの》（大阪市平野区）、河内国古市《ふるいち》（大阪府羽曳野《はびきの》市）、大和国新城（奈良県葛城《かつらぎ》市）、下市（奈良県下市町）、下市各地、今井（奈良県橿原《かしはら》市）、東大寺（奈良市）、木津《きづ》（京都府木津市）、木津川を上り、淀（京都市）を経て北上し、京着するのであった。これらを直線コースで計算していくと、約二三〇キロ、一日約八キロ弱の移動であった。

一人の僧侶がこのような活動をしていたのである。徒歩中心の当時の旅を考えれば、驚くべき健脚ぶりと、その旅の生活である。どうしてこのような旅が可能であったのか。この点を詳細に追ってみよう。

旅する理由

この旅のきっかけは、元和五年八月二十三日、河内国萱振《かやふり》（大阪府八尾市）甚兵衛の死去を伝えられ、葬礼の依頼を乞われたことに始まる。この報を未刻に受け、了尊は申《さる》の刻に出立する。未刻は一般的には午後一時から三時であるが、当時は不定時法ゆえ、この時間がそのまま該当することはできない。しかし次の時刻の申刻には出かけていることから、かなり短い時間で出立の準備をしたと思われる。

了尊は伏見（京都市）まで馬に乗り、そこから一間の船を借り大坂へ下った。船にはかやふり（萱振）与吉・かやふりの使いの清左衛門が同船。つまり萱振衆が了尊を迎えに来ていたのであった。真夜中の丑刻過ぎに大坂に着し、そのまま関係の道場に向かった。二十四日、朝飯を道場で食べ、萱振衆は飯をとり先に帰郷した。了尊父子は馬に乗り、大坂の道場主と考えられる超尊（のち浄久寺、性応寺下寺《したでら》）を付き添いに同道させた。午刻に萱振勘十郎の所へ着き葬礼を行った。

彼は報を受けた次の日には、五〇キロ以上離れた萱振に到達し、葬礼を行っている。寝たのはおそらく船上であろう。彼は遠い門徒の葬礼のために、その労力を惜しむことがなかったのである。

葬礼後の八月二十五日に、了尊は近隣の久宝寺宗因（安井清右衛門定次）へも参ってい る。二十六日にはそこで朝飯を食べ、八尾に向かった。これには宗因・宗善が同道した。彼は成法寺村（八尾市）善七郎へ参り、そこで飯を給され、福万寺（八尾市）南辻次兵衛へ赴き晩飯を給わった。翌日朝飯を同所で食べ、四条という場所で夕飯を食べ、その後、池島（八尾市）彦左衛門のもとへ行く。さらに翌二十八日には、彦左衛門の所で朝飯を食べたのち、若江（大阪府大東市）馬場与八郎、弥右衛門、灰塚（大東市）西右衛門の所に落着して夕食、そして酉刻、落合勝右衛門の所へと落着する。

このように了尊は一日で数ヵ所も回り、そこで食事や宿を世話になっている。この人々は彼の門徒、あるいは知人であろう。しかしこの時の日記をみると、そこには萱振での葬式のように、特別な行事はみられない。目的がないのに、旅するとはどういうことか。これは目的がないのではない。

旅先の人びとに出会う

了尊は萱振下向を契機に、ただ門徒らと出会うことを目的に旅していたのである。当時の交通や通信・情報の限定的状況、あるいは人生の長さなどを考えれば、通常、遠方の知人に、一生のうちどれほど会うことができるだろうか。一度会えば、二度は会えないことも普通であったであろう。それゆえ現在とは比較にならないほど、出会うことは貴重で大切であったのである。

先述したように、親鸞に直接出会った門弟が「面授」とされ、特別に位置付けられていたのはこのためである。了尊は幾度会えるかわからない門徒らに会うために旅を続けていたのである。もちろん、その折々には門徒の法事や葬送や剃髪《ていはつ》、その他各地の勤めなどを執行はしていよう。信仰を媒介とした、人と人とも確かなふれ合いがそこにはある。

彼が八月二十九日訪れたヘイジマ・ハマという場所では「立ナカラ対面」を果たすという有様であった。これは単に急いでいたからでない。これこそ少しの時間でも、より多くの門徒らに会うための努力の結果なのである。

了尊に集う人びと

元和五年九月六日、了尊が河内国丹下南村（羽曳野市）丹下道場に参った際には、道場主が没していたため、元道場主の妻と新介とを結婚させて道場の維持を図ったのである。その得度のため、剃髪を行い法名了順を与えた。その逮夜《たいや》後の食事の相伴《しょうばん》及び翌日の朝食に集まった面々は、次のごとくである。

〔九月六日〕
一ツ屋与兵衛・了順（新介）・六左衛門・少兵衛・太郎右衛門・長右衛門・茂兵衛ら

〔九月七日〕
一ツ屋与兵衛・了順（新介）・六左衛門・少兵衛・太郎右衛門・長右衛門・茂兵衛・

向野清右衛門・同九郎左衛門・同六左衛門

一ツ屋とは丹下道場より北に位置する所在で、一ツ屋与兵衛は了尊が丹南村に向かう前の道場より付き添い来た人物である。了順は新たな丹下道場主、六左衛門以下はこの道場に関わる門徒で近隣者であろう。翌日は彼らに加えて向野に住す三人が相伴している。向野は丹下よりやや南の場所である。

了尊が地元道場を来訪すると、このように門徒たちは、朝・夕の勤め後に了尊を囲み、食事を共にして信仰生活をともにしたのである。そして近隣からもそこに集ってくるのであった。この信仰の場で門徒たちは、阿弥陀如来・親鸞と了尊との一体を感じたのである。門徒たちは信仰の場での楽しみと一体感を味わうため日々集ったのである。

了尊一行は元和五年九月十三日には笠木の道場（下市町）へ参着。到着後、ワラビ餅が了尊方三人、貝原善徳寺、浄了に振る舞われている。夕飯の相伴には、上記人数にさらに与太郎が加わっている。善徳寺は相伴ごとに名が現れるが、十五日に了尊はその善徳寺に参っている。つまりそれまで同寺はこの地域の道案内や旅の安全を護る役割を果たしていたのである。善徳寺はその後も了尊一行に付き添い、下市各地の道場を廻っている。善徳寺は性応寺が関わり建立された寺院として特段の役割を果たしたのであろう。

二十日には前日から宿泊したオフルタ（小古田）で朝飯を食べており、その際の相伴衆は、了尊方三人、貝原善徳寺・弥左衛門・藤右衛門・与七郎であった。そして了尊らは、その後鹿場《ししば》の道場へ参る。その途中、市介、松茸山で焼き松茸をご馳走してもらい、また弥七の息子弥一が鴨《ひよどり》を射て、それを焼き鳥にして振る舞ってもらっている。

集う人びと、再び

四年後の元和九年でも同じである。その九月二十三日、了尊一行は大和国吉野の「栃ノ本道場」へ参った。この道場には元和九年十一月二十日に木仏《もくぶつ》（阿弥陀如来木像）が「栃本惣道場」として西本願寺より免許される（「木仏之留」千葉乗隆編『木仏之留　御影様之留』同朋舎、一九八〇）。そこには源兵衛、その子福松、弥左衛門・善十郎・清二郎・三蔵が集った。通常、道場の本尊は阿弥陀如来絵像か名号である。本願寺より木仏を免許されること＝木仏を本尊として安置することは、道場が寺院の体裁をとる重要な構成要素となっている。したがって門徒にとっては木仏免許は重大な出来事であったのである。

前述したように、元和五年九月十一日から了尊一行は、大和国下市の近辺を巡ることになる。彼が廻った下市近辺は栃原岳《とちはらだけ》（標高五三一メートル）のある地域で標高五〇〇メートル前後の山々が並ぶ険しい山地であった。彼が旅する時、それを支える門徒の姿を日を追って、少し詳しく示しておく。この支えが彼の旅を可能にしていたのである。

了尊一行は、この日の朝飯後、急ぎ栃の本（下市町）へ馬二疋で送られた。下市宅田新五宅に立ち寄ったが、新五は上京して不在であった。しかしその女房衆に丁寧に対応してもらっている。栃の本源兵衛宅へは未刻に到着。そして夕飯をまかなってもらう。

その際、相伴したものは、了尊父子と了尊の関係者、ヒロセ西念寺・了味・弥左衛門、その亭主の源兵衛、道念・太郎介らであった。ヒロセは近隣の「広瀬」（下市町）であろうから、ここに集まった人々は源兵衛の近隣者であった。また道念・太郎介は源兵衛の親族であろう。

十二日は源兵衛宅で朝飯を食べる。相伴衆は前記と同じである。その後、中トウ（中藤）へ参るが、西念寺の要請で同寺へも立ち寄った。そして未刻過ぎ、ナカトウ宗右衛門の所へ参着している。道場へ参り勤《つとめ》の後、夕飯となり、相伴は了尊方三人、貝原善徳寺であった。この貝原は前記の由緒書にある性応寺の古くからのゆかりの地である。

翌日道場で朝勤、朝飯となる。相伴は了尊方三人、貝原善徳寺、中トウ宗右衛門であった。未刻過ぎに笠木道場に参着。わらび餅を振る舞われる。相伴は貝原善徳寺・浄了であった。夕食は貝原善徳寺・浄了・与太郎が相伴した。

十四日同所で貝原善徳寺・浄了・善教・与介とともに朝食を取り、その後黒木（下市町）へ出向き、午刻《うまのこく》に参着。「サバノ飯・ゴミノ鮨」を食べる。相伴は源左衛門・助兵衛・左衛門四郎、夕食も同じ相伴者であった。

十五日朝食相伴は前日の人びとに与三を加えたグループとなった。そののち貝原善徳寺へ落着し、さらに夕方、新蔵道場で食した。相伴は善徳寺・同寺内ジヨ・弥五郎・久六であった。

十六日朝の勤めを善徳寺で行い、道場で朝食とした。相伴は前日に藤右衛門を加えた面々であった。未刻過ぎに西山（下市町）に赴き、夜に入り夕食となる。相伴は善徳寺二人・藤右衛門・清右衛門・孫右衛門・左近・久次であった。

十七日は朝食、松茸の吸物も食した。相伴は前日と同一であった。市原浄願より迎えが来て、浄願の許に向かった。参着後、鮎鮨を振る舞われた。相伴は善徳寺・浄願・その子源太郎であった。夕飯も同じメンバーであった。

十八日、前日と同相伴衆で朝食。午刻以前、松茸の吸物を食べ、相伴も同じ面々。南山（下市町）へ向かい、路次で又兵衛が迎えに来る。南山に参着して、未刻に「ヌルムキ」を振る舞われている。相伴は善徳寺・慶順であった。酉刻《とりのこく》に夕食。前記面々の他に正西・アセリ善四郎を加え相伴している。

このように了尊が道場を来訪すると、その近隣の人々が集まり、もてなし、宿泊、次への移動の世話などを行うのである。了尊は法事や葬礼の執行や朝夕の勤め、あるいは日常の問題に対応したり、普通の話、食事などをして、門徒たちと一体感を形成し信頼関係を深めていくのであろう。彼らのこの関係はまさに信仰の絆なのである。

人びとの献身

門徒慶順

了尊は南田那部《みなみたなべ》（大阪市東住吉区）慶順の葬礼のため、寛永十一年（一六三四）閏七月十日～十二日大坂・河内国《かわち》（八尾まで、帰京日不明）を旅した（「寛永九年以降岩田屋等在家葬式自修記」『西光寺古記』）。さてこの慶順と了尊はどのような関係であったのか。慶順没の十五年前の元和五年（一六一九）九月三日、天王寺《てんのうじ》（大阪市天王寺区）見物後、了尊一行が田那部に向かう際、夕方に慶順は路次の迎えにきた。その時、雨が降ってきたが、慶順は傘二本持参してきてくれていた。そして申刻《さるのこく》過ぎに夕ナへ道場に落着した。道場で慶順より一行は振る舞いを受けた。相伴者は慶順・彦右衛門・助右衛門・久右衛門・又左衛門などで、おそらく慶順の家族・親族であろう。

四日、了尊は慶順・久右衛門を同道し堀法珍のもとに向かい、さらに備中なる人物のもとへ昼頃に訪れた。これは備中娘の一七日《いちしちにち》（初七日）の勤行《ごんぎょう》のためであった。そこで食事を受け、さらに前堀与三兵衛のもとに立ち寄り北山へと赴いた。その場の勤行後、矢田部（大阪市東住吉区）九郎左衛門のところまで参った。翌五日、朝の勤行、朝食後、平野《ひらの》（大阪市平野区）へ向け出立した。平野まで慶順が同道し、了尊は平野から彼を帰した。慶順はこのように了尊をもてなし、一泊二日で了尊に付き添い、次の目的地まで送り届け、旅の安全を見守っていたのであった。

四年後の元和九年九月六日、了尊は京都より夜舟にて大坂に下った（「元和九年夷中ノ覚」）。七日には大坂に到着し、超尊（浄久寺）にて朝夕の食事を受け、夕食過ぎに南田那部へ参っている。久右衛門の所へ落ち着き、白粥を食した。慶順・教祐も相伴した。

翌八日朝の食事を久右衛門より振る舞われ、慶順・教祐らも相伴した。元和五年と同様に、その後、堀・前堀・北山へ向かい、北山給兵衛の所で夕食を受けた。その後矢田部了正へ参り夜食を食している。この時の相伴は了順（丹下道場）・慶順・了正・九郎左衛門であった。

九日に了尊は矢田部より大坂へ帰る時、南田那部の慶順のもとに立ち寄った。慶順は了尊に馬を貸してくれ、天王寺まで送ってくれた。了尊息子の侍従は徒歩で先に天王寺に赴き、そこで新たな馬を借りていた。また荷物も慶順が田那部から馬に付けて天王寺まで持ち運んでくれた。了尊は天王寺で借りた馬に荷物を付け替えて大坂に到着している。旅の安全を見守っている様子がわかる。当時了尊が長距離・長期間の旅ができたのは、このような門徒たちの下支えがあったからこそである。信仰の師として了尊を門徒たちは待ち望み迎えた。そして了尊はそれに応える如く門徒たちを尋ね法事を行い、葬式を執行するのであった。これこそ単に制度としての付き合いではない、人と人との絆である。

了尊の素早い行動

話は慶順の葬送に戻る。葬送は、寛永十一年閏七月十一日に、タナへ久右衛門が上洛して死去の一報をもたらしてより始まる。久右衛門は了尊に下ってほしいと要請した。了尊は同日の暁より下坂。十二日の朝に大坂に到着。そこにはタナへの衆が迎えにきており、そのままタナへに行った。葬礼は同日の巳刻より始まった。拾骨は同日申刻になされた。

翌十二年十月二十九日には、今度は南田辺（南田那部）慶通が死去した。慶順とは親族関係者と思われる。没年齢からみて慶順の弟ではないだろうか。二十九日、了尊は久宝寺に居り、そこにタナへ久右衛門が来て調声《ちょうしょう》（法要勤行時、導師《どうし》が最初に経文の文句を唱えて、以後の声音の高低基準を示すこと）を依頼してきた。葬礼は翌日と聞かされた。翌晦日、早朝に迎えがきて南田辺に赴く。法服・七条などは大坂に取りにいかせ、巳刻に到来した。葬礼が終わると、久右衛門のところまで帰り、食事をして八尾まで参った。

このように久宝寺（八尾市）に居た了尊だが、久右衛門より一報が入り、即座に支度をし迎え訪れ、翌日には出かけている。そして葬礼用の着衣も大坂まで取りに行かせている。実に手際が良い。このことからも、門徒の葬礼には素早く対応するというシステムが整備されていたと考えられる。それを維持・機能させているのは人と人の信仰のネットワークであり絆であったのである。

寛永二年四月二十九日に性応寺了尊に上河内林（藤井寺市）法意死去の一報が入った（没日は二十八日）。了尊は翌五月朔日《ついたち》伏見へ赴き、法意親族の五郎右衛門などと合流し舟で大坂へ下り、そこより馬で平野まで出て、さらに馬で林に到着。了尊は弥三右衛門宅へ入る。二日に法意のところに参り棺桶に棺蓋名号《かんぶたみようごう》（棺桶の蓋に書く三行の名号）を墨書し、巳刻過ぎに葬礼が開始された。葬所は「藤五郎カツカ（塚）」で同日に火葬、未刻に灰寄となった。拾骨後、法意宅へ帰り了尊は勤行して、その後弥三右衛門宅へ帰り、三日に大坂に戻った。法意は法名だが、これは隠居などで剃刀したためであろう。

このように了尊は門徒の死去、それにともなう葬礼の報を受けると、京都より遠くはなれた河内国まで支度を調え、急ぎ下坂し門徒宅まで行くのであった。報を得て三日目の早さであった。

法意の葬礼次第

この法意葬礼の様子を信仰の場の一事例と考え、さらに具体的にその次第の概要を示しておきたい。

①　五月二日巳刻過ぎ、葬礼開始。
②　了尊、法意の棺桶に棺蓋名号を墨書。了尊、焼香し蠟燭を立てる。
③　勤行は十四行偈（帰三宝偈《きさんぼうげ》。善導大師著『観経疏』四帖のなか、はじめの「玄義分」巻頭に示された偈頌《げじゅ》）を勤め、調子（声音の高低）を上げず念仏の際に調子を上げる。
④　時《じ》（路）念仏《ねんぶつ》（葬場に至る途中に行う念仏）を法意の在所と墓所の二ヵ所で唱える。三匝鈴《さんそうりん》（葬列出発の用意を整え、三匝の鈴を打ち出す）で始める。輿《こし》を墓所に入れ、時念仏を止める。
⑤　葬場（藤五郎カ塚という場所）は西向きに仕立てられ、調声人は東を向いて立つ。葬場には、赤い内敷《うちじき》（敷物）が敷かれ、その上に花瓶・蠟燭・香炉の三具足《みつぐそく》が置かれた野机《のづくえ》（火葬場に置かれる机）が設置された。その両脇に蠟燭二挺が立てられる。野《の》卓《じょく》（葬儀壇）の前には畳が敷かれる。
⑥　火屋《ひや》（火葬場）は葦を用い作られ幕が六幅張られる。町蠟燭が一六挺設置される。
⑦　葬所の勤行は三匝鈴で開始。鈴を打つ役は慶順の子了誓が行った。正信偈《しょうしんげ》（『教行信証』「行巻」末尾所収の偈文《げもん》。真宗の要義大綱をまとめる）が舌々行《ぜぜぎょう》（早く唱える唱

法）で勤められ、和讃《わさん》・添え讃も勤められた。

⑧焼香が開始される。焼香の衆は、正信偈の「五劫思惟《ごこうしゆい》」を唱え上がったところから、焼香に移り、正信偈を上げるうちに焼香は終わる。その後本座へ戻り、それぞれ一列に礼に出る。野卓より先へ行き、了尊の方を向き一礼、他宗の僧へ向き一礼、その後惣中の方へ向き一礼する。

⑨未刻過ぎ、灰寄《はいよせ》（拾骨）。その行列は、一番三人、二番了尊、三番惣坊主衆、四番親類・近付衆《ちかづき》（親類・知り合い）であった。勤行は鈴を二回打って始まる。正信偈が舌々行で、また和讃・添え讃も勤められた。

⑩骨桶は絹で包み、喜一郎が持つ。勤行が終わり、法意のところへ帰る。その行列は、一番骨桶と喜一郎、二番侍三人、三番了尊、四番坊主衆、五番近付衆であった。

⑪法意のところで勤行する。勤行は正信偈と和讃。御文は読まない。

⑫勤行が終わり、弥三右衛門のところへ帰り、非時（規定時間外の食事）。この相伴は慶順・了誓・了教・乗教などであった。

⑬非時後、了尊布施を給わる。布施料は、喜右衛門一〇〇疋、弥三右衛門一〇〇疋、喜右衛門身内札一匁、弥三右衛門身内札一匁などであった。

⑭法意のところの内仏《ないぶつ》で、夕時勤行。正信偈・和讃を勤め、御文《おふみ》（白骨《はっこつ》の章）を拝読。

葬礼に集まる人々

現在の葬礼は親族や関係者ばかりではなく、会社での付き合いなど、血縁・地縁以外の社会的な関係で参列する者も多いが、当時の葬礼に集うのは当然物故者の親族や関係者であろう。つまり本当に関係ある人間が集うはずである。前記した上河内林法意の葬礼を通じてその絆を確認しておきたい。史料にみられる家族関係は次のようになる。ただしこれは、史料上、親子・親族関係がわかる記載がある部分で作成したもので、この関係のみが決定版ではない。

焼香の次第にみられる人びとの関係

- 喜右衛門
  - 五郎右衛門
  - 長三郎
- 弥三右衛門
  - 弥兵衛
  - 娘＝二郎兵衛（弥三右婿、国府住人）
  - 娘＝五郎右衛門（弥三右婿、大井住人）
- **法意**＝いま
  - 娘＝六兵衛（法意婿、大井住人）

喜右衛門は京都まで了尊を迎えに行った人物、弥三右衛門は了尊が林で落ち着いた場の主人である。彼らは法意の家族（おそらく子ども）と思われる。焼香はさらに彼らの子どもが、またその娘婿も焼香する。婿は国府・大井の住人である。大井は林の北側の、国府は東側の地域で、娘が嫁いだ地域はすべて林の近隣地域である。ちなみに女性は焼香をしていない。男性のみである。女性がどうして焼香しないのか、あるいはできないのかは現段階では不明で、今後の研究課題である。

表2　葬礼に出申候坊主衆の所在地

現在の市	日記の地名	僧侶名
藤井寺市	佐山（小山）	妙楽寺子
	大井	妙徳寺
	国府	西常寺
	国府東条	永伝
	沢田	慶正寺
	惣社	教祐
	藤井	了教
	林	了誓（慶順子）
	古室道場	了念
	永原（同市?）	慶順
羽曳野市	古市	真蓮寺
	古市	西念寺同宿
	誉田	道林寺
	誉田	光秀寺同宿
	西宮（同市?）	真光寺子乗教
八尾市	六段	普誓

葬礼に参列した僧侶たちの地域を現在の市域で示すと、表2のようになり、林の数キロ圏内の近隣地域であることが判明する。また表2にはみえないが、真言宗西琳寺琳明・同宗大井奥坊、浄土宗道明寺宗雲も参集したが、他宗の彼らも地名からみて近隣である。他宗の者は亡き人の知人か了尊の知人であろう。

真言宗西琳寺琳明は「田舎覚」元和五年九月八日条には了尊より音信を受け出会って相伴し、また「元和十年夷中ノ覚」元和十年二月十日条では了尊は琳明のところへ出向いている。このように了尊は他宗とも親交を重ねていた人物である。それゆえ琳明もこの葬送に参列したと考えられる。

他宗にこだわらない信仰

法意の葬式に集うこれらの人びとは、おそらく了尊を中心に結びついた人びとであろう。特に法名に「了」が付く者は了尊から法名を授与された者で、彼らはこの地域で一つのネットワークを形成していたに違いない。この顔ぶれから葬送とは、近親者そして近隣の知人や関係者が集い、亡き人を送ることが本来の姿であったといえよう。それは他宗のものも含まれたのである。決して義理の参列ではないのである。

「元和四年日次之記《ひなみのき》」同年五月二十二日条（『元和日記』）によれば、了尊は佐渡島与三郎の娘が没したため、斎《とき》の勤めを行った。娘婿である長吉は他宗であったが、「死人（娘）御門徒（真宗門徒）タルユヘ」、了尊に依頼し、彼はそれを受けて勤めをしたのであった。この場合、何宗を信仰するかは明らかに家単位ではなく、個人の選択にまかされている。家単位での宗教行事となる寺檀制度以降に比べると、中世の信仰形態を維持している。比較的リベラルに了尊は親交を深めており、他宗派の葬礼も執行している。

「寛永九年以降岩田屋等在家葬式自修記」によると寛永十一年閏七月十日〜十二日の南田辺慶順の葬礼の諷経《ふぎん》（経文を声を揚げて誦すること）の時、西の方には了尊が立ち、「東ノ方ニハ、信浄院《しんじょういん》方（教如《きょうにょ》方、東本願寺）ノ坊主一人立候」と、西本願寺と対立する東本願寺の僧侶も参列していた。

これらをみればわかるように了尊は宗派に固定することなく、葬礼に出仕している。これは寺檀制度以前では当たり前のことだったのであろう。死に対する対応は宗派という枠組みにとらわれることなくなされたのであろう。比較的自由な信仰の形態である。

了尊は各地の法事を執行し、問題も解決する

了尊は、元和五年九月四日備中娘の一七日（初七日）の勤行を、そして同九月七日丹下道場（羽曳野市）来訪時、少兵衛の親仁兵衛忌日に勤を執行する（「田舎覚」『西光寺古記』）。さらに元和九年九月十五日には、明日の宗順舅了意の正忌《しょうき》のため、久宝寺宗順のもとへ参っている（「元和九年夷中ノ覚」）。このように各地で待つ門徒のため、了尊は京都から旅をして法事を執行するのであった。

しかし彼の下向は法事だけではない。旧来、寺院は民衆の末端にあって、本末制度や寺檀制度を通じて、支配の一翼を担ったように理解されている。誤りではないが、それがすべてとはいえないのである。「田舎覚」元和五年十月十日条には「ツル原宿迄参り申し候（中略）是ハ去年ヨリ、芝小右衛門トツル原ノ兵衛と出入有《これある》レ之ニ付、我等方へも参《まいる》間敷《まじくの》由《よし》候間、異見ヲサセ可《もうすべく》レ申タメニ同心申候也」と、大和国吉野のツル原では「芝小右衛門トツル原ノ兵衛と出入」に意見をしている。さらに「元和九年亥夷中ノ覚」元和九年九月二十五日条では「宗右衛門と才蔵ト出入候て、義絶候ヲ中ナヲシ申候」と義絶問題も解決している。

了尊が扱うのは在地の法事などだけではない。在地のトラブルも相談に乗り、解決に乗り出している。彼は門徒の日常生活に入り込んでいるのである。これも信頼関係なしには

なしえないことである。

門徒の剃髪

門徒の剃髪は葬礼時に死者になされる場合が多いと考えられているが、必ずしもそうでない。元和十年の場合からその実例を示しておく。堺に居た性応寺了尊が二月七日に甚左衛門夫婦ともに髪剃させている。この時、夫妻は本願寺第十代証如授与の阿弥陀如来絵像裏書にある願主名の法名了恩及び正祐を授与された。七月二十七日了尊は紀伊国鷺森《さぎのもり》（和歌山市）辺りヒロセ紺屋町に赴き、左衛門を剃髪し、阿弥陀如来裏書にあった「永正」を法名に付けた。同時に左衛門二郎の母も剃刀している。これらから法名は以前に受けていた裏書にみえる願主名を付ける場合もあることがわかる。十月八日了尊が紀伊国天満《てんま》村新右衛門宅へ赴き、翌日新右衛門を剃髪させた。年齢七十歳、法名は宗賢と号した。これは隠居による剃髪であろう（「元和十年夷中ノ覚」）。

寛永元年十二月十日没した伏見（京都市）カナヤ龍専子息勝三郎の葬礼時、了尊が「カミソリアテ」と、死後剃髪させている（「元和十年寛永元年以降久宝寺宗順等葬記」『西光寺古記』）。同九年七月二十五日には岩田屋庄右衛門を、また同十三年十二月十四日にはカキヤ仁兵衛の両葬礼でも、了尊は入棺させ「剃刀アテ」、死後剃髪を行っている。

寛永十二年十一月二十六日大工善教が没した時、その葬礼で「後家」（善教妻）「カミソリ申サレ候」とある。これらは夫死後、妻が剃髪をする場合である（「寛永九年以降岩田屋等在家葬式自修記」)。

このように了尊は隠居や没後葬送時の門徒の剃髪、あるいは夫没後の後家の剃髪を行い、仏道に入ったことを意味する法名を授与するのであった。

先述したが、「田舎覚」元和五年九月六日によると、了尊は興味深い行動をする。それは道場主了西が没したため、元道場主の妻(後家)と他人の新介を結婚させるのであった。道場主とするため、新介の得度を行い、法名了順と申し付けたのであった。了尊は在地門徒の信仰生活には不可欠な存在である道場維持のために、結婚を斡旋し存続を図ったのであった。

道場を維持する

形態は地域により異なるが、道場はその地域の門徒たちが寄り集まり維持する、寺院とは異なる宗教施設である。前述したが、「元和九年夷中ノ覚」によると、元和九年九月二十三日、了尊一行が訪れた、大和国吉野の「栃ノ本道場」には、元和九年十一月二十日に木仏が「栃本惣道場」として本山より免許される(「木仏之留」)。しかし寺号はみえず、木仏を持つ道場となったようである。

道場とはおよそ、①個人の私宅に公共の礼拝施設を備えた「内《うち》道場」であるもの、②一戸建ちの道場(惣《そう》道場)、③一戸建ちの道場が寺院化しつつあるもの、と区分しえる。大きな流れとしては、道場がやがて寺院化していくと考えられている。その実例としては、著名な越中五箇山《えっちゅうごかやま》（南砺市《なんと》）に「相倉《あいのくら》西道場」「相念寺」（千葉乗隆ほか監修『浄土真宗本願寺派の荘厳全書』四季社、一九九五）、また岐阜県白川村御母衣《みぼろ》の「旧遠山家」（図13）などがあげられる。

信仰の絆の道場

元和五年九月十三日には、了尊らは大和吉野の栃ノ本道場から笠木の道場へ移動しているが、この両所はお互い山の中の近隣集落である。つまり各集落には道場が設けられ、その集落の人々が維持していたのである。そして了尊が各地域へ巡ることができるのは、この施設が存在しているためであった。現在道場の形を残す施設は内陣を有するが、その両脇には、宿泊もできる部屋があることが多く、上記の実態と一致している。

村にはこのように寺院化していない「内道場」や「惣道場」という宗教施設が存在する。そこは寺院制度と無関係に門徒の力で維持され、門徒の信仰生活を実践する重要な場であるとともに、この存在が了尊の旅や信仰の絆を維持するのを可能にしていたのであった。寺院ではない道場は行政上は把握されないであろうが、厳然と在地には存在し信仰生活の重要な場となっていたのである（図13・14）。

寺檀制度後も、村には祈禱を専門とする檀家持ち以外の寺や寺号などを持たない寺院としては公認されない庵もあるとの指摘のごとく、地元ではこのような道場が存続されてい

図13　旧遠山家（道場，岐阜県・白川村教育委員会蔵，金龍静氏撮影）

図14　旧遠山家の仏壇（岐阜県・白川村教育委員会蔵，金龍静氏撮影）

たのであろう。大藤修「村落の生活文化」（『近世の村と生活文化』吉川弘文館、二〇〇一）では、次のように指摘している。

近世の村々には、檀家を持ち、その家の葬儀・法要を執行する寺のほかに、祈禱を専門として村人を守護する役割を担う寺も広く存在していた。

また静岡県小山町《おやまちょう》史編さん専門委員会編『小山町史』第七巻（近世通史編、同町、一九九八）にも、次のようにみえている。

柳島村無量寿庵、桑木村静江庵（中略）古沢村教主庵・大慈庵のように、庵を結んで、寺院と余り変わらない地域の信仰の中心になっていたものも存在した。これらは（中略）寺号・院号が与えられず、寺院としては公認されていない施設であった。庵より、小規模で簡素な仏教の施設として、各地に堂も存在した。

先述の了順が継いだ道場は四年後の元和九年閏八月二十九日、西本願寺第十二代准如から木仏（阿弥陀如来木像）を許可され、同時に寺号「正福寺」を受けた（「木仏之留」）。道場の寺院化は、この木仏が本尊として安置されるかが大きな指標となっていた。

道場が寺院となる

「元和九年夷中ノ覚」によると、その木仏は在地に送られ、元和九年九月十九日移徙《わたまし》の儀式が行われた。その斎に集まったのは一〇〇人ばかりであった。当然、ほとんどが門徒であったろうが、地元の人びとにとって、寺院となることは大きな意味があり、これは在地での一大イベントでもあったのである。

近江山家村（守山市）慶先寺《きょうせんじ》の裏書は、道場から寺院へ展開したことを如実に物語る史料である。慶長十三年（一六〇八）に木仏を得た慶先寺だが、その時の裏書には「道場」とのみ明記され、依然道場のままであった。同寺には准如自筆で「慶先寺」と墨書した「折紙寺号《おりがみじごう》」（寺号書出）が伝来する。近江国甲賀郡下田村慶円寺でも、木仏免許以前は准如筆「折紙之寺号」を所持したと伝えており（「九条西光寺末寺衆願書留」龍谷大学図書館所蔵）、木仏寺号免許に先行し、このような形で寺号が免許されていたと考えられる。

おそらく慶先寺も准如の時に「折紙寺号」を得て、道場から寺院に転じたと考えられる。後年宝暦九年（一七五九）に、法如は同寺性因の願いで、次のように裏書へ抹消印「吾能徴レ之」《われよくこれをちょうす》を捺印し「道場」を消し、その下に「慶先寺」の寺号を書加え、紙継目以下の別紙に経緯の「加書」を裏書に添付した。

『野州』
(印文「吾能徴之」)江州「栗本」郡山加村
(印文「吾能徴之」)「道場」『慶先寺々物』
(一六〇八)慶長十三年戊申十月八日
准如（花押）
……（紙継目）（朱印）(印文「「吾能徴之」)……
(一七五九)宝暦九己卯年霜月三日
検二正之一、加二書寺号一
釈法如（花押）
願主釈性因

「　」は朱印で訂正・抹消された部分。『　』および紙継目以下は法如自筆の加筆。

このような抹消印の事例は甲斐国都留《つる》郡新倉如来寺（山梨県富士吉田市）・近江国栗太《くりた》郡久保村正覚寺（栗東市）・同国愛知《えち》郡東円堂村信光寺（滋賀県愛荘町東円堂）・同国愛知郡大門村善明寺（滋賀県愛荘町長野）がある。

中世の信仰の絆は断ち切られ、制度に基づく新たな絆へ

豊臣政権の太閤検地《たいこうけんち》による村切りで旧来の寺院と門徒は分断される。また徳川幕府による寺檀制度の成立によって、門徒はどこかの寺院に所属しなければならなくなり、おのずから檀那寺は近隣の寺院となり、中世以来の僧侶（手次寺《てつぎでら》）と門徒の個々の信仰の絆は断ち切られていくことになった。

天正年間（一五七三―九二）と考えられる「旦那寺差配状」（『本願寺教団史料』関東編）で「森之旦那衆」の「惣右衛門尉門方共・四郎左衛門尉門方」他数のグループの檀那寺を、「郷切《ごうぎり》とは不㆑申付㆑」として、もとの通り正福寺にすると、上寺《うわでら》の万福寺祐順が命じている。つまり通常郷切されれば、門徒は本来の檀那寺との関係が切れるということである。また『藤井寺市史』第二巻（藤井寺市史編さん委員会編、通史編、同市、二〇〇二）では、村切りを次のように説明している。

檀那寺を村外に持つ信徒がいるのは、主として近世はじめの検地で村の境界を定めた村切りによるものである。その村の規模は、用水・入会《いりあい》山林などを考慮して、集落として存立しうる最小単位が採用されたため、村外に檀那寺を持つものが出てきたのである。また縁戚関係もあった。

そして元禄九年（一六九六）、河内国志紀郡小山村に檀那寺として檀家一九二軒（九五六人）に関わる寺院は一四ヵ寺存在するが、同村に所在する寺院は、善光寺・明顕寺二ヵ寺のみで、その檀家は五六軒（二三八人）、その他一二ヵ寺は他村であり、他村の檀那寺は平野郷町、同郡沢田村、丹南郡今井村、若江郡八尾寺内村など、比較的近隣で、やや遠くて大坂久太郎町であったとする。

天保五年（一八三四）の丹南郡岡村に関する檀那寺は一二ヵ寺あるが、村内にある檀那寺はわずか一ヵ寺で、その他は丹南・丹北・志紀・古市各郡、また少し離れて石川・若江各郡、堺に所在しすべて村外で、この遠隔地も「半日でいけるところ」であるとしている。『小山町史』第七巻でも次のように説明がみられる。

小山村正福寺の檀家は、慶応四年（一八六八）の頃で、一一一軒を数えたが、その村は一八か村に及んでいる。小山町域六か村（小山・生土・上野・棚頭・用沢・大胡田）のほか御殿場市域や相模国の村々にも及んでいる。このうち、小山村の檀家三〇軒が最多であり、これに準じて棚頭村一五軒が多数であった。こうした事情と、棚頭村が小山村正福寺には遠方で、川越を必要として、老若男女の参詣に不便であるところからも、阿弥陀堂を建てて弟子を遣わすことが考えられる。棚頭村阿弥陀堂は、その後も小山村正福寺のいわば「出張所」としての役割を果たし続けることになるが、恐らく明治に入ってから、公式に随正寺としての寺号を得て今日に至ったものと考えられる。

京都の了尊は遠い地へ門徒のために毎年足を運び、門徒の信仰＝念仏のため、生活のため尽力し、門徒は了尊のため、迎えや見送り、宿の提供、多くの振る舞いなど尽力してきた。これこそが、みえない絆＝信仰で結ばれた生活と命を支える行動と意思であったのである。この中世以来結ばれていた門徒と僧侶との個々の絆は、豊臣政権や徳川幕府の成立により大きな転換を迎え、近世の新たな関係＝檀那寺と檀家という形が結ばれ、個人と個人ではなく「家」単位となり、寺院は葬儀・年回忌法事を執行し、檀家は寺院維持のための費用負担や寄付をする関係へと比重が移行し、現在に至るのである。

神仏との出会い方――エピローグ

環境破壊

近年、環境破壊・環境問題ということばをよく聞くように、人間と自然の関係に大きな変化がもたらされている。本谷勲『歴史としての環境問題』（日本史リブレット六三、山川出版社、二〇〇四）がこの問題を端的に説明しており、以下、これにより説明しておく。環境問題とは簡単にまとめれば、①汚染＝公害、②自然破壊＝野生生物の消滅である。そしてその根本的原因は大量生産・大量消費にあるという。つまりこの汚染や野生生物の消滅は、決して個人で起こせるものではないということである。

これは日本人が一九六〇年代に直面したイタイイタイ病や水俣病《みなまたびょう》・四日市ぜんそくなどの公害を思い出せばよく理解できる。これらは前記①の典型で、個人で起こしたもの（起こせるもの）ではない。同じようなことは、近年ではアスベスト（石綿）による人体汚染が耳に新しい。

つまり環境問題は戦後の経済発展＝利益追求に性急なあまり、社会と自然に対する配慮を欠いた結果なのである。本谷氏はその責任の大部分が先の公害と同じく、大量生産＝利益追求型の企業（その中でも上層部）、そしてそれを許してきた族議員や行政を執行する高級官僚にあると指摘する。

その大企業での働く人びとにも責任があると考えることもできるが、それは正しくない。氏は、庶民と呼ばれる地域住民や労働者にはわずかな配分しかない事実、地域住民によっては生命・健康の被害のみという場合も少なくないとも指摘する。たとえば、先のアスベストやその他の公害をみても、そこで働いていた労働者は被害に遭い健康を害している場合が多く、企業が追求してきた利益の恩恵にあずかることもなく、むしろ被害者となっているではないか。

自然との共生、神仏との対話

どうして日本人は自然や動物を破壊する、絶滅させるような事態を起こしたのであろうか。本書でみてきたように、中世びとは古くから自然と共生して生活をしてきた。それは自然＝神仏であったからである。

中世びとは動物も虫も、自然現象も畏敬の念で接していたのである。したがって敵対することは原則的にはなく、環境破壊などなかったのである。

中世びとはこのように自然と一体化する神仏および現世の世界の中で共生していた。彼らは共生社会で生活し、人と人との絆を形成し、生き抜いてきたのである。むろん絆なしでは生きていけない時代でもあったのではあるが。その絆の形成に大いに役立ったのは信仰であった。

中世びとは祖師への信仰も相まって、身近に祖師の存在を感じ、神仏は神仏の世界と現世を往来して、人びとに接したのであった。そして中世びとは神仏の温もりや匂い、その活動を膚で感じ、遺体が腐らないことで、その存在を実感したのである。中世びとにとっては、信仰する祖師や神仏は決して過去の人や抽象的な、そして目にみえないものではなかったのである。この中世的信仰を核にして寺院や僧侶と門徒たちの具体的な活動がなされ絆を形成したのであった。

本書はこのような信仰の世界を明らかにしてきた。中世びとを取り巻くこの信仰は、いわば中世社会の基層に広がる信仰であった。これを基盤に仏教各宗派や神道などが成立するのであった。

しかし近世社会に入ると、中世での人間と自然との共生関係は徐々に変化し始める。それは社会の発達とともに「神仏の権威の低落」が進行していくからであった（拙著『中世びとの信仰社会史』）。このプロセスのなかで、従来の神仏の影響力は薄れていき、おのずから自然や動物との関係も変化をみせ始めるのであった。人間優位の方向性が始動することになったのである。

その結果、自然への破壊も進行するが、それは依然緩慢であった。この関係が大きく崩れるのは、近代に入り西洋の思想が導入されてからである。

近代の衝撃

幕末・近代を迎え、当時の明治政府は近代化として、極端な西欧化政策に舵を切っていた。その結果、近世までの日本社会に成長してきたものが否定的に位置付けられ、西欧のものやその思想がよいものと誤解され、日本社会に大きく影響を及ぼした。

たとえば、近世まで日本独特の和風な顔を持っていた人魚のイメージは、西欧の文学作品などの影響を強く受け、アンデルセンの人魚姫＝西欧の人魚に大きく変わった。近世まで長い歴史のなかで形成されてきた「日本の人魚」のイメージは、近代化のわずかな時間で払拭されてしまったのであった。

黒田日出男氏はこのことを「劇的なイメージ交替の歴史からすれば、日本の近代化がどれほど深く日本人のイメージ世界を変化・変容させていったか」（同執筆「人魚」同ほか編『歴史学事典』第三巻、弘文堂、一九九五）と表現している。

この近代の衝撃とも呼べる事態は、同時にヨーロッパの自然観を日本社会に導入し、日本人の自然観をも変化させた。西欧の自然観や動物観が、政府主導の近代化のもと日本人の中にすり込まれていく。本書の「自然と神仏と中世びと」で説明したように、それは人間が自然や動物を領有する、自然を人間の摂理に従わせる、人間に有益なモノは利用保護し、敵対するモノへは破壊・絶滅も当然と考えるようになるのであった。

本来、日本人の持つ自然との共生はその考えに取って代わられていったのであった。この段階で自然とともにあった日本の神仏に対する認識は変化していくことになる。この原理をテコに、近代社会は経済発展＝性急な利益追求に走り、社会と自然に対する配慮を欠き、絶滅、破壊などにつながっていくのであった。トキなどの動物を絶滅に追い込んでいったのもこの原理によってである。またコンクリートや鉄板で、自然を改造し従わせる、また災害を防ぐ行動もこの原理が働いていることもいうまでもない。

現代の神と仏に出会うこと

同時に近代化する社会は合理的な考え方を強制するようになった。合理化が進むと、自然や動物などは、ますます神仏の世界から切り離されていく。さらに神仏の基本的な居場所であった神社仏閣も、明治政府により、仏教と神社に明確な線が引かれた。結果、神社は政府の神道政策のもと、官幣社《かんぺいしゃ》・国幣社・別格官幣社、さらに一村一社制を設定し祭神も統合された。そして分離されたことにより、仏教側も立場が明確になった。しかしこの編成過程で統合されない＝政府の枠組みに入れてもらえなかった、地域の小祠などは淫祠《いんし》・迷信として位置付けられることになった。

このような結果、現在、神仏に会える場所は、基本的に神仏分離で生き残った神社・仏閣の空間に限定されるようになり、自然などは人間の支配下におかれることで、自然や動物などは旧来の神仏の世界からはずれだした。

しかし先の小祠だけではない。近代の合理化は、これまで日常生活に多く存在した神仏に対し、近代化から逸脱するものとして、非合理的・非科学的・呪術的・神秘的・迷信・無意味・荒唐無稽など、むしろ払拭すべきものとして、マイナスの評価を与えていった。

歴史的にみて、日本人がつきあってきた神仏とは、神社仏閣に閉じ込められたものではない。神仏は身近に存在して、絶えず人間と交渉していたのである。それは自然であり、動植物・虫に至るまでであったのである。前近代では中世と近世では差はあろうが、神社仏閣以外にも、身の回りに多く神仏が存在していたのである。むしろ誰が設置したかわからない街角のお地蔵さんや路傍の小祠や、迷信や荒唐無稽といわれるようなモノに、当時の人びとの身近な信仰があったのである。

現在に生きる中世的世界

西欧的自然観は現代人において確かに支配的ではあるが、しかしまた前近代的な自然＝神仏という感覚も残っていることも確かである。たとえば、ビルやマンション、家を建築する時、地鎮祭《じちんさい》を挙行するのも、その土地の神様に許しを得ているのであり、ここには土地の神様を信ずる信仰がいまだ生きていることがわかる。

建築事業者の間では、トンネル貫通時、最後の岩盤の石を「貫通石《かんつうせき》」と称している。関係者のみしか手に入らないが、貫通石は貫通式に参加した人びとに、特に安産のお守りとして配られる。ここには石への特別な信仰がみえる。

また関西の京阪《けいはん》電車萱島《かやしま》駅のホームには、ホームとその屋根を突き抜けて、さらに天へと伸びている樹齢七〇〇年ともいわれる大クスノキがある（図15）。この大クスノキは地元萱島神社の御神木で、昭和四十七年（一九七二）の高架複複線建設の際、伐採予定であったが、「地元の皆さんのクスノキに寄せる尊崇の念にお応えし、新しい萱島駅と共にこのクスノキを後世に残すことにしました。（中略）樹木がホームと屋根を突き抜けるという、全国に例をみない姿となりました」（京阪電気鉄道株式会社製作「萱島の大クスノキ」解説の立札）。ここには木に対する神木の信仰が見られる。

日本の昔話には動物が人を殺害したり、危害を加える話はほとんどみられない。むしろ

図15　京阪電車萱島駅ホーム内の大クスノキ（大阪府寝屋川市）

キツネが人をだますなど、滑稽で愛嬌がある。また桃太郎の話にあるように、猿など鬼退治を助ける動物もいる。動物は現在家族のように飼育されていることが多いが、別な側面では依然不思議な力を持つ存在、神の使いなどと感ずることがあるではないか。

葬式や法事にも、親族や関係者が（たとえ義理・儀礼上でも）集まり、お彼岸・お盆のお墓参りには多くの人が出かけ、それがニュースにもなる。ここにはまだ信仰で結ばれた絆が維持されているといっても過言ではない。

夢と希望を再び

中世・近世の封建制の時代が終われば、近代社会に発展する、日本人はそれを「進歩」と理解してきたのではなかろうか。上記してきた非合理的社会を克服し近代化する。それを「進歩」と考えたのではなかろうか。しかし現在の「進歩」した社会は、平和で豊かな社会、民主主義の社会であるだろうか。今の有様をみていると、はき違えてきた「進歩」ではなかったろうかと感じる（網野善彦「ヒトと環境と歴史学」同氏ほか編『ヒトと環境と文化遺産』山川出版社、二〇〇〇）。

日本は敗戦後、恒久平和を誓い戦後日本を建て直してた。私の父母も戦後、生きるために、ただ一生懸命働くことしかしていなかったように思う。何の楽しみもなく。戦後日本を立て直したのは、このような名もない普通の人びとであった。

これらの人びととの努力は、少しずつ豊かな生活を実現していき、そして戦後の民主主義社会を目指し突き進んだ。それは一九五〇〜六〇年代の高度経済成長の原動力ともなった。今から考えれば、この時の社会には「夢と希望」があったように思う。当時のアニメの歌にでも、このフレーズはセットであった。「夢」とは将来実現させたいと思っている事柄、「希望」とは将来に対する期待である。つまりこの時代は実現したいことが、努力すれば実現する期待が持てたのであった。

しかしその時代はわずかで、前記のように「進歩」は、はき違えた「進歩」であったのである。その「進歩」を物語るように、豊かであるはずの現代はとても豊かとは思えない社会を出現させたのであった。

今の時代を象徴するように、テレビの番組やインタビューなどをみても「夢」を語る人はいるが、「希望」を口にする人はみかけない。質問する側も「夢」は何ですかと問うが、「希望」のことは聞かなくなった。「希望」がないのである。「希望」があってこその「夢」である。「希望」がなければ、「夢」は単なる空想的な理想にすぎないではないか。

自然＝神仏と対話する

以上のように中世びとは自然＝神仏をなんとか読みとろうとする、また対話しようとする姿勢を有してきた。それをなしえなければ、生きられなかったのである。自然を人間に従属させようとし、環境問題を起こしている今こそ、私たちはもう一度中世びとが、きわめて自然＝神仏などを身近なモノとして感じ、そして信仰に基づき、人と人との絆を形成して生活してきたことを思い起こす必要があると考える。これは決して前近代がよいとか、非科学的な行為を肯定しているのではない。ただはき違えた「進歩」から切り捨てられた世界をもう一度見直す必要があるのではないかといいたいのである。切り捨てられた世界には、「進歩」とされた世界ではわからないものがあり、それこそが今の課題や問題を解き解決する重大なヒントがあると考えるのである（網野善彦『「日本」とは何か』00）。

今こそ本当の「進歩」を求める必要がある。それでこそ「希望」を取り戻すことができる唯一の方法ではないだろうか。未来のために、そのことを強く希求したいと思うのである。

あとがき

私が研究に踏み出したのは龍谷大学に入学してから……、それからもう三〇年余が過ぎた。研究し始めたころ、日本史は社会経済史花盛りであった。もちろん私もそれに洩れず、荘園制の研究や農業史、生産力の研究にいそしんだ。しかしその後一九八〇年代に入り、社会史研究が台頭し、日本史研究は大きく様変わりをした。そして私の研究も様変わりをした。生産力と生産関係を基礎に社会が形成され、社会は発展する＝「進歩史観」では、出てこない「信仰社会史」を選びとっていたのである。これは大きな転換であった。

本書は、日本大学教授関幸彦先生が吉川弘文館にお声がけをして下さり、実現したものである。関先生とは一五年ほど前に、偶然私事でお世話になったことをきっかけにお付き合いをして頂いている。このことが今回の発刊につながったのである。二〇一三年、京都で久しぶりに先生とお会いできた。直接お会いするのは初めてお会いした時以来であった。驚いたのは、先生は一五年前とほとんどお変わりなく、まるで時間が止まっていたかのようであった。

また、本書の企画立案をして頂いた吉川弘文館の一寸木《ますき》紀夫さんとお話をした時、私が若い頃、読んだ一向一揆関係の論文の執筆者とわかった。「一寸木」とお名前が珍しく、当時どのような人かと思っていたが、まさかその方に時を経てお世話になるとは不思議さを感じざるをえない。

このように自分の研究が大きく転換したこと、偶然といえる関先生とのご縁、一寸木さんとの過去からのつながりなど、本書の出版をみても何か不思議な運命に操られている感覚にとらわれざるをえないのである。これこそ本書を貫く「身近な信仰」である。このような不思議な感覚は誰にもあるだろうし、時代をさかのぼれば、さらにあったであろう。

私は阿部謹也・網野善彦・塚本学・峰岸純夫の各先生方の研究を学び、中世びとが何を幸せに感じ、いつ泣き、何を笑い、何を楽しいと悲しいと感じるのか、生きること、死ぬことをどう考えていたのか、恋愛や人を好きになる気持ちとは何か、家族をどう感じていたのか、安全と防衛をどう取り扱ったのか、動物や自然をいかに理解したのかなど、これまでの歴史学ではあまり扱われてこなかった事象を素朴に知りたいと思うようになった。これこそ発展する社会のなかで、生きていた人間の歴史ではないだろうかと。いわば歴史には名を残さない普通の人びとの歴史であった。そしてそこにはすべて信仰が関係していた。それが中世であると考えている。本書はその一隅を照らすことができたと思う。

私の研究は、身近かな問題関心をもとにして歴史をみており、歴史の大きな流れをみていく歴史学とは、相入れないように思われるが、歴史の進展を単一視してはならず、見方、立つ視点からも様々な立場がありうることはいうまでもない。政治史・経済史・仏教史などと枠組みに囚われる方が問題なのだ。むしろ、そうした枠組みからは出てこない研究が重要なのだと思う。その一つが私の提唱する「信仰社会史」である。「信仰社会史」はあまり聞かない表現だが、日常における身近な信仰に取り巻かれた生活をテーマとするには、これが最もしっくりする表現と考えている。

本書は多様な史料を用いた。この多様性こそ人間の多様な営為活動を示し、それは同時に信仰に取り巻かれた人びとの生活そのものであり、「信仰社会史」研究には不可欠な要素であったのである。多様な史料研究の必要性は本願寺史料研究所での各地寺院の史料調査より、ホコリまみれになりながら学んだ。そこで少し本書を読んだ後進に一言。現在コンピュータが神仏の「剛力」の如く研究に活用されている。便利さは理解できるが、そういう時代であるからこそ現場に出向き、直接史料に接する＝過去の人びとの生活に触れることを心がけてほしいと思う。派手さはないが、地道な研究こそ生き残る研究と確信する。

ここまでこれたのは私一人の力ではなく、支えてくれた方々がおられたからである。お世話になった先生、学ばせて頂いた先生は、前記の先生方をはじめとして、千葉乗隆（龍谷大学学長・本願寺史料研究所所長）・平松令三（龍谷大学教授）・上横手雅敬（京都大学名誉教授）・首藤善樹（高田短期大学教授）・赤松徹眞（龍谷大学学長・本願寺史料研究所所長）・金龍静（本願寺史料研究所副所長）の各先生であった。もちろん他にも多くおられるが、書き上げられない。

ただここに書き上げた先生の幾人はもう他界され、本書を直接お読み頂けない。残念なことである。といいつつも、私は独自な研究を続けていたこともあり、優等生とはいえない弟子であったので、もし読んでもらったとしても、内容を厳しく批判され、落ち込むことになるかもしれないが……、でも少しは恩師に研究で恩返しはできたと思いたい。

本書は先般出版した『中世びとの信仰社会史』（法藏館、二〇一一）と関連するものだが、今回は自然や環境を意識して叙述し、前著書とは異なった特徴を持たせたつもりである。しかしまだまだ多くの課題を残している。したがって本書は一つの節目と考え、これからまた新たに研究を進めたいと思う。それが学恩を賜った先生への恩返しとも考える。

思い起こせば学生の頃、名立たる先生方は吉川弘文館から著書を出版しており、私もいつか吉川弘文館から著書を刊行してみたいと考えていた。吉川弘文館へのお世辞ではなく、本当にそう思っていたのであった。まさか数十年後、自分が出版できるとは正直信じられない。これも本書でいう不思議ということか。

末筆となったが、史料写真・引用などの掲載をご許可頂いた関係各位、そして一寸木さんと編集・製作を担当して頂いた並木隆さんに、心よりお礼を申し上げる。

また妻祥子や娘野花の励ましがなければ、私はここまでこれなかった、それはよくわかっている。人に見えない、いえない苦労を支えてくれた。ありがとう。ありがとう。

二〇一四年三月

早花咲月、春の香りにつつまれて

大喜直彦

著者紹介

一九六〇年、大阪府生まれ
一九八九年、龍谷大学文学研究科博士課程国史学専攻単位取得退学
二〇〇八年、博士（文学）
現在、本願寺史料研究所上級研究員・京都ノートルダム女子大学非常勤講師

主要著書・論文
『中世びとの信仰社会史』（法藏館、二〇一一年）
「仏像の焼失」（『歴史学研究』六七五、一九九五年）
「死後の個性」（『日本歴史』六八六、二〇〇五年）

歴史文化ライブラリー
376

神や仏に出会う時
中世びとの信仰と絆

二〇一四年（平成二十六）五月一日　第一刷発行

著　者　大《だい》喜《き》直《なお》彦《ひこ》
発行者　前田求恭
発行所　株式会社　吉川弘文館
東京都文京区本郷七丁目二番八号
郵便番号一一三―〇〇三三
電話〇三―三八一三―九一五一〈代表〉
振替口座〇〇一〇〇―五―二四四
http://www.yoshikawa-k.co.jp/
印刷＝株式会社　平文社
製本＝ナショナル製本協同組合
装幀＝清水良洋・渡邉雄哉

ISBN978-4-642-05776-9

歴史文化ライブラリー

1996.10

刊行のことば

現今の日本および国際社会は、さまざまな面で大変動の時代を迎えておりますが、近づきつつある二十一世紀は人類史の到達点として、物質的な繁栄のみならず文化や自然・社会環境を謳歌できる平和な社会でなければなりません。しかしながら高度成長・技術革新にともなう急激な変貌は「自己本位な刹那主義」の風潮を生みだし、先人が築いてきた歴史や文化に学ぶ余裕もなく、いまだ明るい人類の将来が展望できていないようにも見えます。このような状況を踏まえ、よりよい二十一世紀社会を築くために、人類誕生から現在に至る「人類の遺産・教訓」としてのあらゆる分野の歴史と文化を「歴史文化ライブラリー」として刊行することといたしました。

小社は、安政四年（一八五七）の創業以来、一貫して歴史学を中心とした専門出版社として書籍を刊行しつづけてまいりました。その経験を生かし、学問成果にもとづいた本叢書を刊行し社会的要請に応えて行きたいと考えております。

現代は、マスメディアが発達した高度情報化社会といわれますが、私どもはあくまでも活字を主体とした出版こそ、ものの本質を考える基礎と信じ、本叢書をとおして社会に訴えてまいりたいと思います。これから生まれでる一冊一冊が、それぞれの読者を知的冒険の旅へと誘い、希望に満ちた人類の未来を構築する糧となれば幸いです。

吉川弘文館

歴史文化ライブラリー

中世史

源氏と坂東武士――野口 実
鎌倉源氏三代記 一門・重臣と源家将軍――永井 晋
吾妻鏡の謎――奥富敬之
鎌倉北条氏の興亡――奥富敬之
都市鎌倉の中世史 吾妻鏡の舞台と主役たち――秋山哲雄
源 義経――元木泰雄
弓矢と刀剣 中世合戦の実像――近藤好和
騎兵と歩兵の中世史――近藤好和
その後の東国武士団 源平合戦以後――関 幸彦
声と顔の中世史 戦さと訴訟の場景より――蔵持重裕
運 慶 その人と芸術――副島弘道
北条政子 尼将軍の時代――野村育世
乳母の力 歴史を支えた女たち――田端泰子
荒ぶるスサノヲ、七変化〈中世神話〉の世界――斎藤英喜
曽我物語の史実と虚構――坂井孝一
日 蓮――中尾 堯
捨聖《すてひじり》一 遍――今井雅晴
神や仏に出会う時 中世びとの信仰と絆――大喜直彦
神風の武士像 蒙古合戦の真実――関 幸彦
鎌倉幕府の滅亡――細川重男
足利尊氏と直義 京の夢、鎌倉の夢――峰岸純夫
東国の南北朝動乱 北畠親房と国人――伊藤喜良
中世の巨大地震――矢田俊文
大飢饉、室町社会を襲う！――清水克行
平泉中尊寺 金色堂と経の世界――佐々木邦世
贈答と宴会の中世――盛本昌広
中世の借金事情――井原今朝男
庭園の中世史 足利義政と東山山荘――飛田範夫
土一揆の時代――神田千里
山城国一揆と戦国社会――川岡 勉
一休とは何か――今泉淑夫
中世武士の城――齋藤慎一
武田信玄――平山 優
歴史の旅 武田信玄を歩く――秋山 敬
武田信玄像の謎――藤本正行
戦国大名の危機管理――黒田基樹
戦乱の中の情報伝達 使者がつなぐ中世京都と在地――酒井紀美
戦国時代の足利将軍――山田康弘
戦国を生きた公家の妻たち――後藤みち子

歴史文化ライブラリー

鉄砲と戦国合戦——宇田川武久
よみがえる安土城——木戸雅寿
検証 本能寺の変——谷口克広
加藤清正 朝鮮侵略の実像——北島万次
北政所と淀殿 豊臣家を守ろうとした妻たち——小和田哲男
偽りの外交使節 室町時代の日朝関係——橋本 雄
朝鮮人のみた中世日本——関 周一
ザビエルの同伴者 アンジロー 戦国時代の国際人——岸野 久
海賊たちの中世——金谷匡人
中世 瀬戸内海の旅人たち——山内 譲

近世史

神君家康の誕生 東照宮と権現様——曽根原 理
江戸の政権交代と武家屋敷——岩本 馨
江戸御留守居役 近世の外交官——笠谷和比古
検証 島原天草一揆——大橋幸泰
隠居大名の江戸暮らし 年中行事と食生活——江後迪子
大名行列を解剖する 江戸の人材派遣——根岸茂夫
江戸大名の本家と分家——野口朋隆
赤穂浪士の実像——谷口眞子
〈甲賀忍者〉の実像——藤田和敏
江戸の武家名鑑 武鑑と出版競争——藤實久美子
武士という身分 城下町萩の大名家臣団——森下 徹
次男坊たちの江戸時代 公家社会の〈厄介者〉——松田敬之
宮中のシェフ、鶴をさばく 江戸時代の朝廷と庖丁道——西村慎太郎
江戸時代の孝行者 「孝義録」の世界——菅野則子
死者のはたらきと江戸時代 遺訓・家訓・辞世——深谷克己
近世の百姓世界——白川部達夫
江戸の寺社めぐり 鎌倉・江ノ島・お伊勢さん——原 淳一郎
宿場の日本史 街道に生きる——宇佐美ミサ子
〈身売り〉の日本史 人身売買から年季奉公へ——下重 清
江戸の捨て子たち その肖像——沢山美果子
歴史人口学で読む江戸日本——浜野 潔
京のオランダ人 阿蘭陀宿海老屋の実態——片桐一男
それでも江戸は鎖国だったのか オランダ宿 日本橋長崎屋——片桐一男
江戸の文人サロン 知識人と芸術家たち——揖斐 高
葛飾北斎——永田生慈
北斎の謎を解く 生活・芸術・信仰——諏訪春雄
江戸と上方 人・モノ・カネ・情報——林 玲子
エトロフ島 つくられた国境——菊池勇夫
災害都市江戸と地下室——小沢詠美子

歴史文化ライブラリー

浅間山大噴火——渡辺尚志
アスファルトの下の江戸 住まいと暮らし——寺島孝一
江戸の流行り病 麻疹騒動はなぜ起こったのか——鈴木則子
江戸幕府の日本地図 国絵図・城絵図・日本図——川村博忠
江戸城が消えていく 『江戸名所図会』の到達点——千葉正樹
都市図の系譜と江戸——小澤 弘
江戸の地図屋さん 販売競争の舞台裏——俵 元昭
近世の仏教 華ひらく思想と文化——末木文美士
江戸時代の遊行聖——圭室文雄
幕末民衆文化異聞 真宗門徒の四季——奈倉哲三
江戸の風刺画——南 和男
幕末維新の風刺画——南 和男
ある文人代官の幕末日記 林鶴梁の日常——保田晴男
幕末の世直し 万人の戦争状態——須田 努
幕末の海防戦略 異国船を隔離せよ——上白石 実
江戸の海外情報ネットワーク——岩下哲典
黒船がやってきた 幕末の情報ネットワーク——岩田みゆき
幕末日本と対外戦争の危機 下関戦争の舞台裏——保谷 徹

近・現代史

幕末明治 横浜写真館物語——斎藤多喜夫
横井小楠 その思想と行動——三上一夫
水戸学と明治維新——吉田俊純
旧幕臣の明治維新 沼津兵学校とその群像——樋口雄彦
大久保利通と明治維新——佐々木 克
維新政府の密偵たち 御庭番と警察のあいだ——大日方純夫
明治維新と豪農 古橋暉皃の生涯——高木俊輔
文明開化 失われた風俗——百瀬 響
西南戦争 戦争の大義と動員される民衆——猪飼隆明
明治外交官物語 鹿鳴館の時代——犬塚孝明
自由民権運動の系譜 近代日本の言論の力——稲田雅洋
明治の政治家と信仰 クリスチャン民権家の肖像——小川原正道
福沢諭吉と福住正兄《ふくずみまさえ》 世界と地域の視座——金原左門
日赤の創始者 佐野常民《つねたみ》——吉川龍子
文明開化と差別——今西 一
アマテラスと天皇 〈政治シンボル〉の近代史——千葉 慶
明治の皇室建築 国家が求めた〈和風〉像——小沢朝江
明治神宮の出現——山口輝臣
日清・日露戦争と写真報道 戦場を駆ける写真師たち——井上祐子
博覧会と明治の日本——國 雄行
公園の誕生——小野良平

歴史文化ライブラリー

啄木短歌に時代を読む——近藤典彦
東京都の誕生——藤野 敦
町火消たちの近代 東京の消防史——鈴木 淳
鉄道忌避伝説の謎 汽車が来た町、来なかった町——青木栄一
軍隊を誘致せよ 陸海軍と都市形成——松下孝昭
家庭料理の近代——江原絢子
お米と食の近代史——大豆生田 稔
近現代日本の農村 農政の原点をさぐる——庄司俊作
失業と救済の近代史——加瀬和俊
選挙違反の歴史 ウラからみた日本の一〇〇年——季武嘉也
東京大学物語 まだ君が若かったころ——中野 実
海外観光旅行の誕生——有山輝雄
関東大震災と戒厳令——松尾章一
モダン都市の誕生 大阪の街・東京の街——橋爪紳也
マンガ誕生 大正デモクラシーからの出発——清水 勲
第二次世界大戦 現代世界への転換点——木畑洋一
激動昭和と浜口雄幸——川田 稔
昭和天皇側近たちの戦争——茶谷誠一
植民地建築紀行 満洲・朝鮮・台湾を歩く——西澤泰彦
帝国日本と植民地都市——橋谷 弘

稲の大東亜共栄圏 帝国日本の〈緑の革命〉——藤原辰史
地図から消えた島々 幻の日本領と南洋探検家たち——長谷川亮一
日中戦争と汪兆銘《おうちょうめい》——小林英夫
「国民歌」を唱和した時代 昭和の大衆歌謡——戸ノ下達也
モダン・ライフと戦争 スクリーンのなかの女性たち——宜野座菜央見
彫刻と戦争の近代——平瀬礼太
特務機関の謀略 諜報とインパール作戦——山本武利
首都防空網と〈空都〉多摩——鈴木芳行
陸軍登戸研究所と謀略戦 科学者たちの戦争——渡辺賢二
〈いのち〉をめぐる近代史 堕胎から人工妊娠中絶へ——岩田重則
戦争とハンセン病——藤野 豊
日米決戦下の格差と平等 銃後信州の食糧・疎開——板垣邦子
敵国人抑留 戦時下の外国民間人——小宮まゆみ
銃後の社会史 戦死者と遺族——一ノ瀬俊也
海外戦没者の戦後史 遺骨帰還と慰霊——浜井和史
国民学校 皇国の道——戸田金一
〈近代沖縄〉の知識人 島袋全発の軌跡——屋嘉比 収
沖縄戦 強制された「集団自決」——林 博史
太平洋戦争と歴史学——阿部 猛
スガモプリズン 戦犯たちの平和運動——内海愛子

歴史文化ライブラリー

戦後政治と自衛隊——佐道明広
米軍基地の歴史 世界ネットワークの形成と展開——林 博史
沖縄 占領下を生き抜く 軍用地・通貨・毒ガス——川平成雄
紙 芝 居 街角のメディア——山本武利
団塊世代の同時代史——天沼 香
闘う女性の20世紀 地域社会と生き方の視点から——伊藤康子
女性史と出会う——総合女性史研究会編
丸山真男の思想史学——板垣哲夫
文化財報道と新聞記者——中村俊介

文化史・誌

楽園の図像 海獣葡萄鏡の誕生——石渡美江
毘沙門天像の誕生 シルクロードの東西文化交流——田辺勝美
世界文化遺産 法隆寺——高田良信
語りかける文化遺産 ピラミッドから安土城・桂離宮まで——神部四郎次
落書きに歴史をよむ——三上喜孝
密教の思想——立川武蔵
霊場の思想——佐藤弘夫
四国遍路 さまざまな祈りの世界——星野英紀・浅川泰宏
跋扈《ばっこ》する怨霊 祟りと鎮魂の日本史——山田雄司
藤原鎌足、時空をかける 変身と再生の日本史——黒田 智
変貌する清盛 『平家物語』を書きかえる——樋口大祐
鎌倉 古寺を歩く 宗教都市の風景——松尾剛次
鎌倉大仏の謎——塩澤寛樹
日本禅宗の伝説と歴史——中尾良信
水墨画にあそぶ 禅僧たちの風雅——高橋範子
日本人の他界観——久野 昭
観音浄土に船出した人びと 熊野と補陀落渡海——根井 浄
浦島太郎の日本史——三舟隆之
宗教社会史の構想 真宗門徒の信仰と生活——有元正雄
読経の世界 能読の誕生——清水眞澄
戒名のはなし——藤井正雄
仏画の見かた 描かれた仏たち——中野照男
ほとけを造った人びと 止利仏師から運慶・快慶まで——根立研介
〈日本美術〉の発見 岡倉天心がめざしたもの——吉田千鶴子
祇園祭 祝祭の京都——川嶋將生
茶の湯の文化史 近世の茶人たち——谷端昭夫
海を渡った陶磁器——大橋康二
時代劇と風俗考証 やさしい有職故実入門——二木謙一
歌舞伎の源流——諏訪春雄
歌舞伎と人形浄瑠璃——田口章子

歴史文化ライブラリー

落語の博物誌 江戸の文化を読む——岩崎均史
大江戸飼い鳥草紙 江戸のペットブーム——細川博昭
神社の本殿 建築にみる神の空間——三浦正幸
古建築修復に生きる 屋根職人の世界——原田多加司
大工道具の文明史 日本・中国・ヨーロッパの建築技術——渡邉 晶
風水と家相の歴史——宮内貴久
日本人の姓・苗字・名前 人名に刻まれた歴史——大藤 修
読みにくい名前はなぜ増えたか——佐藤 稔
数え方の日本史——三保忠夫
大相撲行司の世界——根間弘海
武道の誕生——井上 俊
日本料理の歴史——熊倉功夫
吉兆 湯木貞一 料理の道——末廣幸代
アイヌ文化誌ノート——佐々木利和
宮本武蔵の読まれ方——櫻井良樹
流行歌の誕生 「カチューシャの唄」とその時代——永嶺重敏
話し言葉の日本史——野村剛史
日本語はだれのものか——川口 良・角田史幸
「国語」という呪縛 国語から日本語へ、そして〇〇語へ——川口 良・角田史幸
柳宗悦と民藝の現在——松井 健
遊牧という文化 移動の生活戦略——松井 健
薬と日本人——山崎幹夫
マザーグースと日本人——鷲津名都江
金属が語る日本史 銭貨・日本刀・鉄炮——齋藤 努
バイオロジー事始 異文化と出会った明治人たち——鈴木善次
ヒトとミミズの生活誌——中村方子
書物に魅せられた英国人 フランク・ホーレーと日本文化——横山 學
災害復興の日本史——安田政彦
夏が来なかった時代 歴史を動かした気候変動——桜井邦朋

民俗学・人類学

歴史と民俗のあいだ 海と都市の視点から——宮田 登
神々の原像 祭祀の小宇宙——新谷尚紀
女人禁制——鈴木正崇
民俗都市の人びと——倉石忠彦
鬼の復権——萩原秀三郎
海の生活誌 半島と島の暮らし——山口 徹
山の民俗誌——湯川洋司
雑穀を旅する——増田昭子
自然を生きる技術 暮らしの民俗自然誌——篠原 徹
川は誰のものか 人と環境の民俗学——菅 豊

歴史文化ライブラリー

名づけの民俗学 地名・人名はどう命名されてきたか——田中宣一
番と衆 日本社会の東と西——福田アジオ
記憶すること・記録すること 聞き書き論ノート——香月洋一郎
番茶と日本人——中村羊一郎
踊りの宇宙 日本の民族芸能——三隅治雄
日本の祭りを読み解く——真野俊和
江戸東京歳時記——長沢利明
柳田国男 その生涯と思想——川田稔
婚姻の民俗 東アジアの視点から——江守五夫
海のモンゴロイド ポリネシア人の祖先をもとめて——片山一道

世界史

黄金の島 ジパング伝説——宮崎正勝
琉球と中国 忘れられた冊封使——原田禹雄
古代の琉球弧と東アジア——山里純一
アジアのなかの琉球王国——高良倉吉
琉球国の滅亡とハワイ移民——鳥越皓之
王宮炎上 アレクサンドロス大王とペルセポリス——森谷公俊
イングランド王国前史 アングロサクソン七王国物語——桜井俊彰
イングランド王国と闘った男 ジェラルド・オブ・ウェールズの時代——桜井俊彰
魔女裁判 魔術と民衆のドイツ史——牟田和男
フランスの中世社会 王と貴族たちの軌跡——渡辺節夫
ヒトラーのニュルンベルク 第三帝国の光と闇——芝健介
スカルノ インドネシア「建国の父」と日本——後藤乾一・山﨑功
人権の思想史——浜林正夫
グローバル時代の世界史の読み方——宮崎正勝

考古学

農耕の起源を探る イネの来た道——宮本一夫
O脚だったかもしれない縄文人 人骨は語る——谷畑美帆
吉野ケ里遺跡 保存と活用への道——納富敏雄
〈新〉弥生時代 五〇〇年早かった水田稲作——藤尾慎一郎
交流する弥生人 金印国家群の時代の生活誌——高倉洋彰
古墳——土生田純之
銭の考古学——鈴木公雄
太平洋戦争と考古学——坂詰秀一

古代史

邪馬台国 魏使が歩いた道——丸山雍成
邪馬台国の滅亡 大和王権の征服戦争——若井敏明
日本語の誕生 古代の文字と表記——沖森卓也
日本国号の歴史——小林敏男
古事記の歴史意識——矢嶋泉

歴史文化ライブラリー